UI 디자인 교과서

UI 디자인 교과서

멀티 디바이스 시대의
인터페이스 디자인

UX ground

하라다 히데시 지음
전종훈 옮김
현호영 감수

유엑스리뷰

들어가며

오늘날 다양한 디바이스가 인터넷을 통해 연결되며, 우리는 밤낮으로 방대한 정보를 이용하고 있다. 예전에는 웹 서비스 설계라고 하면 컴퓨터의 웹사이트를 디자인하는 것만을 가리켰지만 지금은 달라졌다. 그중 하나를 꼽자면 터치패널로 조작하는 스마트폰이 세상을 크게 바꿔 놓았다.

나는 약 10년 이상 응용 프로그램의 인터페이스 작업을 해 오면서 생각의 폭이 넓어지는 것을 느꼈다. 그 후 TV의 인터페이스 작업을 하면서 생각의 폭은 더욱 넓어졌다. 다루는 대상이 넓어질수록 인터페이스에 관한 고찰은 더욱 근원을 향하게 된다. 컴퓨터 디자인만 작업하던 시절의 인터페이스에 관한 개념은 더는 통하지 않기 때문이다. '이 인터페이스가 사용하기에 불편한 이유는 무엇일까?', '왜 이 인터페이스에는 같은 방식이 적용될까?' 같은 고민이 깊어진다.

내 아이들은 아직 어려서 글자를 읽지 못하지만, 거의 가르쳐 주지 않았는데도 스마트폰 카메라를 이용하고 TV로 유튜브와 넷플릭스를 시청한다. 즉 자신이 어떻게 조작하느냐에 따라 어떤 결과가 나오는지 이해하는 것이다. 바로 여기에 지능이나 언어의 장벽에 굴하지 않는 우수한 인터페이스의 비결이 있다.

인터페이스에는 변함없이 성립하는 보편적 진리와 유행에 따라 모습을 바꾸는 트렌드가 섞여 있다. 요즘은 업무와 일상생활 모두에서 스마트 기기를 접할 일이 많아졌다. 앞으로도 새로운 디바이스와 인터페이스가 등장할 것이다. 여러분이 새로운 생각의 단서를 잡고 지금의 생각을 정리하는 데 이 책이 도움이 된다면, 더할 나위 없이 행복할 것이다.

하라다 히데시

차례

1장

디자인의 목적과
UI·UX의 정의

이번 장에서는 인터페이스 디자인의
전제 조건을 다룬다. 먼저 디자인의
정의 및 사용자 인터페이스(UI)와
사용자 경험(UX)의 차이점을 살펴본다.
그다음 이 책이 어디에 초점을 두고
있는지를 소개한다. 디자인과 관련한
다양한 영역의 개념을 이해하는 것부터
시작하자.

1-1 이 책의 범위와 대상

이 책에서 4가지 주요 디바이스인 컴퓨터·스마트폰·태블릿·TV에 어떤 인터페이스를 디자인하면 좋을지를 정리했다. 웹사이트와 앱을 직접 제작하거나 개발하는 초보자와 중급자를 주요 독자로 삼았지만, 운용·감수·발주 등 간접적인 관계에 있는 사람에게도 유용한 내용을 다루었다.

이 책은 크게 4단계로 구성되어 있다. 단계가 곧 어려운 정도를 의미하지는 않는다. 따라서 필요한 부분만 읽어도 무관하다.

1장에서 다룰 1단계는 전체의 서론으로서, 디자인과 UI·UX의 개념을 설명한다. 2단계는 2, 3, 4장에서 폭넓게 다루며, 디바이스별 인터페이스 디자인에 필요한 전제 지식을 정리한다. 이 단계를 이해하게 되면 다른 디바이스를 다룰 때도 어떤 관점에서 디자인하면 좋을지 알 수 있을 것이다.

5, 6장은 3단계로서 더욱 구체적인 인터페이스 디자인 방법을 정리한다. 마지막 7장에서는 4단계를 통해 프로토타입과 미니멀리즘 디자인 등 디자인 완성에 필요한 각종 기법을 소개한다.

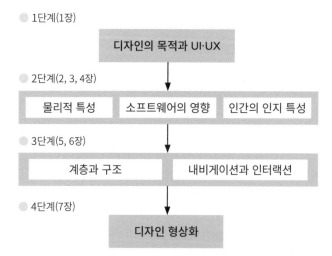

이 책의 구성

이 책은 4단계로 구성되어 있다. 앞부분에서는 디자인의 목적과 UI·UX를 소개하고, 다음으로 하드웨어, 소프트웨어, 인간의 심리를 다룬다. 또한 계층구조와 내비게이션, 인터랙션을 살펴보고, 마지막으로 디자인 형상화에 필요한 지식을 설명한다. 필요한 부분만 읽어도 무관하다.

1-2 디자인의 목적

디자인이란 무엇인가?

먼저 사용자 인터페이스 디자인^{UI design}이라는 개념을 시작으로, 디자인을 알아보도록 하자. UI에 관해서는 뒤에서 차차 소개하도록 하겠다.

대중 사이에 디자인이 그림을 의미한다는 오해가 공공연하게 퍼져 있다. 그러나 미국 애플사의 CEO였던 스티브 잡스^{Steve Jobs}는 "디자인은 특이한 단어다. 어떻게 보이는가^{how it looks}가 디자인이라 여기는 사람도 있지만, 깊이 들어가면 어떻게 기능하는가^{how it works}가 디자인이다.*"라고 말했다.

프로그램 분야에는 자주 사용하는 23가지 설계 기법을 정리한 '디자인 패턴^{design pattern}'이라는 것이 있다. 과거에 소프트웨어 개발자가 발견하고 쌓아 올린 노하우에 이름을 붙여서 활용하기 쉽게 카탈로그처럼 만든 것이다.

자동차 업계 등에서는 핵심 부분 설계를 담당하는 기술자를 '치프 디자인 엔지니어^{chief design engineer}'라 부른다. 쉽게 풀어내면 '주임 설계 기술자'다. 이런 사례를 참고하여 디자인을 그림이 아니라 설계로 표현하는 것이 바람직하다.

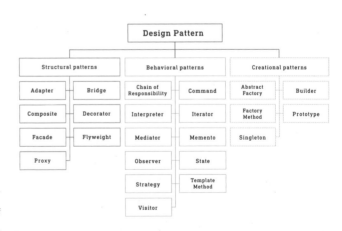

디자인 패턴

《GoF의 디자인 패턴》(프로텍미디어, 김정아 옮김)이라는 책에서 에릭 감마Erich Gamma 외 4명의 공저자는 디자인 패턴이라는 용어를 소프트웨어 개발에 처음 도입했다. GoFGang of Four, 즉 4인조로 불리는 이들은 이 책에서 23가지의 패턴을 다룬다. 프로그래밍 전문가는 자신이 가진 경험만큼이나 놀라운 생산성을 선보인다. 또한 노하우를 바탕으로 같은 문제에서 모두 똑같은 패턴의 해결책에 도달한다.

---

* https://www.impactinterview.com/2011/08/steve-jobs-on-product-design-2/

버터플라이 스툴

일본의 대표적인 산업 디자이너 야나기 소리Yanagi Sori가 디자인한 나비 의자는 기능 면에서 단순한 의자에 불과하고 착석감도 결코 좋다고 할 수 없다. 하지만 조형미 면에서 높은 평가를 받는다. 그러므로 문제 해결보다 예술성이 강한 디자인이라 할 수 있을 것이다.

사진: 픽스타(PIXTA)

또 다른 흔한 오해는 디자인과 아트(예술)가 같다는 인식이다. 디자인은 예술이 아니다. 디자인과 예술에서 비슷하거나 겹치는 부분이 있더라도 각기 목적하는 바가 다르다. 예술은 개인적인 표현을 통해 사람의 마음을 움직이고 북돋는다. 저명한 디자이너인 밀턴 글레이저Milton Glaser는 "디자인은 예술과는 무관하다."라고 말했다. 또한 "디자인은 기존 상태에서 바람직한 상태로 이행하는 과정이다."라고 언급하기도 했다.

디자인의 목적은 겉모습에만 있지 않다. 진정한 목적은 기능과 작용을 통해 과제를 해결하고 새로운 가치를 창조하는 것이다.

디자인의 필요성

나쁜 것을 좋게, 사용하기 힘든 것을 편리하게, 이해하기 어려운 것을 알기 쉽게 만드는 것이 디자인의 역할이다. 그렇다면 디자인의 필요성은 어느 정도일까?

필요한 기능이 특정 업체에 한정된다면 인터페이스나 사용 편의성의 수준은 별로 중요하지 않다. 대체 수단이 없다면 그것을 사용할 수밖에 없기 때문이다. 즉 특별한 기능이 편중된 상태라면 디자인의 가치는 상대적으로 낮아진다. 기능 자체가 중요한 가치가 되어서다.

에키네트

신칸센과 JR 특급 열차 예약은 이 사이트에서만 할 수 있다. 사용에 불편한 점이 많지만, 경쟁 사이트가 없어서 이를 개선하려는 시도가 잘 일어나지 않는다.

https://www.eki-net.com

ETC 마일리지 서비스

이용하려면 회원 등록을 해야 하며, ID와 비밀번호는 우편으로 받는다. 우편이 도착하기까지 2~3주가량 걸리며, 다른 수령 방법은 없다. 같은 기능의 대체 서비스 또한 없다.

https://www.smile-etc.jp

만약 널리 쓰이는 기능이라면 인터페이스와 사용 편의성이 주요 차별화 요인이 된다. 실제로 특정한 곳에서만 사용할 수 있는 기능이나 서비스는 매우 드물다. 대부분 비슷한 종류의 경쟁 업체로 대체할 수 있다. 그러므로 디자인은 성숙한 소프트웨어 업계를 비롯한 여러 분야에서 고객 만족을 추구하는 수단으로 더욱 가치가 높아질 것이다.

1-3 UI와 UX의 구분

요즘 여러 영역에서 사용하는 UI와 UX라는 표현은 앞으로도 웹과 앱 디자인에서 중요한 개념으로 자리할 것이다. 그러나 UI와 UX 또는 UI와 UX의 관계성에 내한 해석은 각양각색이다. 여기서는 UI와 UX에 관한 이 책의 견해와 범위를 이야기하도록 하겠다.

UI란 무엇인가?

UI란 사용자 인터페이스^{User Interface}로서, 사용자와 시스템·서비스 사이의 접점을 가리킨다. 마우스, 키보드, 터치패드, 터치패널, 리모컨 등 사용자가 직접 손으로 만지는 부분이 인터페이스다. 마우스와 터치패드에 따라 간접적으로 조작하는 화면의 링크와 버튼 또한 인터페이스다. 가스레인지를 예로 든다면 점화와 화력 조절을 맡는 레버가 불을 조작하는 인터페이스이며, 자동차에는 핸들, 액셀, 브레이크 등이 구동을 위한 인터페이스다.

어떤 목적이나 욕구 달성을 위해 시스템과 서비스를 사용한다고 가정하자. 이때 사용자는 물리적인 제어가 힘든 것을 마우스, 터치패널, 화면 등의 인터페이스를 조작하여 간접적으로 제어하게 된다. 그러므로 UI 디자인은 시스템과 서비스에 속한 인터페이스를 더욱 사용하기 편하게 설계하는 것을 의미한다.

인간과 디바이스 사이의 정보 교환
인간은 마우스, 키보드, 터치패드 등을 통해 컴퓨터와 정보를 주고받는다. 인간과 디바이스의 접점이 인터페이스다.

다양한 디바이스
하드웨어가 달라지면 인간과 디바이스의 접점인 인터페이스도 당연히 달라진다. 각 하드웨어에 가장 적합한 인터페이스를 설계하는 것이 인터페이스 디자인이다.

UX란 무엇인가?

UX란 사용자 경험[User Experience]으로서, 넓게는 인지한 순간부터의 모든 경험을 가리킨다. 어떤 서비스를 알게 된 계기부터 실제로 이를 사용하고, 사용하지 않게 된 이후의 기간까지 포함해서 사용자가 **서비스를 통해 받는 모든 경험**을 일컫는다.

UX의 정의에는 여러 의견이 있다. 그중 믿음직한 것이 사용자 경험이라는 개념을 발안한 도널드 노먼[Donald Norman]의 정의다. 그는 "사용자 경험이란 기업, 서비스, 제품에 대해 사용자와 '주고받는' 모든 것을 망라하는 것"이라고 정의했다.* 또한 "UI가 디자인에서 매우 중요한 부분임은 분명하지만, UX와 UI를 구별하는 것도 중요하다."라고도 이야기했다.

알고 나서부터의 모든 경험

의도했든 그렇지 않았든 그 대상을 아는 순간부터 잊을 때까지 모든 경험이 UX다.

사진: 애플 뉴스룸(Apple newsroom)

UX의 넓은 대상 범위

그래픽 디자인, 인터페이스, 물리적인 인터랙션, 매뉴얼, 고객 지원, 광고를 포함해 사용자와 관련한 모든 것이 UX의 대상 범위다.

사진: 애플 뉴스룸

---

* https://www.nngroup.com/articles/definition-user-experience/

인스타그램의 UX

사진을 찍고 인스타그램에 올려서 반응을 얻는다. 사진 촬영 전후를 포함한 모든 UX가 인스타그램이라는 서비스의 평가를 형성한다.

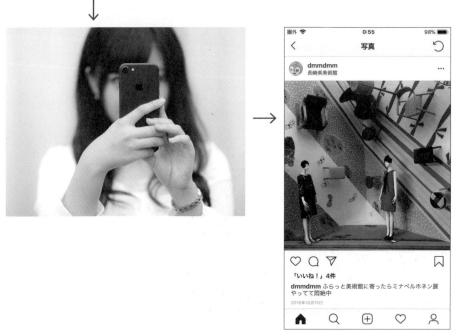

UI가 서비스와 사용자를 연결하는 접촉에 관한 개념이라면, UX는 사용자 내면에 관한 개념이다. 또한 UI는 눈에 보이는 **객관적인** 것이지만, UX는 사용자의 경험에 따른 **주관적인** 것으로 눈에 보이지 않는다. 따라서 UX는 설계와 평가가 어렵다. 즉 UI와 UX는 본디 다른 개념이다.

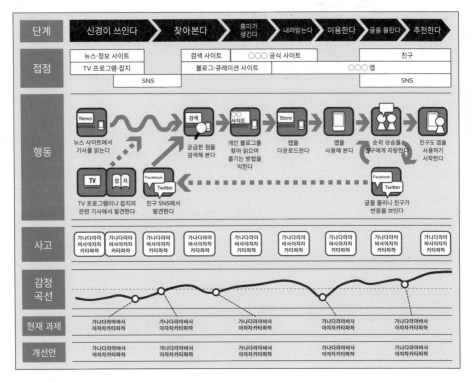

고객 여정 지도

고객 여정 지도customer journey map란 고객이 경험하는 일련의 행동을 여행 지도처럼 가시화하는 기법이다. UX 설계 단계에서 많이 활용한다. 예시는 《웹 제작자를 위한 UX 디자인을 시작하는 책》(국내 미출간)에서 발췌했다.

UI와 UX의 관계

어떠한 서비스를 사용할 때 사용자의 여정은 대부분 서비스의 UI를 통해 이루어진다. UI를 사용할 때 사용자 내면에 일어나는 반응이 UX이므로, 좋은 UI와 나쁜 UI를 사용할 때 받는 UX는 당연히 달라진다. 이 시점에는 UI가 UX에 직접적인 영향을 끼치는 것이다. 하지만 아무리 UI를 개선해도 UX를 근본적으로 개선하지 못할 때가 있다.

개인 계정 인증을 예로 들어 보자. 일반적으로 계정을 인증할 때 메일 주소와 비밀번호를 입력해야 한다. 하지만 개인을 특정하는 수단에 메일 주소와 비밀번호만 있는 것이 아니다. 스마트폰은 대체로 소유자 본인만 사용하는 디바이스이므로 지문 인증도 유효하다. 스마트홈 기기라면 별다른 입력 장치가 없어 문자 입력이 어렵다. 또한 여럿이 공용으로 사용하기 때문에 얼굴 인증이 더 뛰어난 해결 수단이 될 수 있다.

즉 메일 주소와 비밀번호를 사용하는 인터페이스가 아무리 좋아지더라도 별도의 적절한 접근법을 취하지 않는 한, 근본적인 UX 개선으로 이어지기 어렵다. UX에 대한 평가는 각 UI에 대한 평가와는 별도로 생각할 필요가 있다.

비밀번호가 필요 없는 계정 인증

일반적으로 계정 인증에는 메일 주소와 비밀번호가 쓰이지만, 스마트홈 기기인 네이처 레모Nature Remo는 이름과 메일 수신 여부를 비밀번호 대신 사용한다. 비밀번호 입력과 관리가 필요 없으므로 사용자의 UX가 향상된다.

디자인 대 UX(Design vs. User Experience)

공원에 설계된 길(디자인)과 실제로 사용자가 사용하는 길(UX)이 이렇다면 어떨까. 이대로라면 디자인
된 길이 아무리 좋아도 근본적인 개선책이 되기 어렵다.

https://twitter.com/usabilla/status/506500316855300096

UI 디자인이 다루는 범위

UX는 대상과 관계를 맺을 때부터 잊을 때까지의 모든 경험이다. 하지만 뭔가
를 잊는다는 것은 기억하는 것보다 훨씬 어려운 법이다. 한번 저장된 기억을 지
우는 것은 자신의 의지로는 불가능하다고 볼 수 있다.

그러므로 대상이 사라지거나 사용자가 사라질 때까지 UX는 계속된다. 광고,
판매, 읽기 쉬운 매뉴얼부터 고객 대응 방법까지 서비스와 관련한 모든 일이 UX
에 영향을 미친다. 이 때문에 UX의 범위는 넓은 분야에 걸쳐질 수밖에 없다.

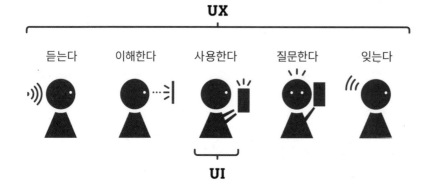

UX와 UI의 범위

UX는 알게 되었을 때부터 잊을 때까지의 모든 범위에 걸쳐 있다. UI의 범위는 UX의 범위보다 좁은 편이지만, UX에서 가장 중요한 '사용'이라는 영역을 담당한다.

    UX는 사용자의 심리를 포함한 개념이므로 '모든 설계가 반드시 의도적일 수 없다'는 특징이 있다. 하지만 UX와 UI가 관련 있는 것도 사실이다. 특히 웹사이트와 앱에서 UI가 담당하는 부분은 UX의 핵심을 형성한다. 이 책에서는 UX 전체가 아닌, 눈에 보이고 현실적으로 설계할 수 있는 UX의 핵심인 UI 디자인을 중점적으로 다룬다.

1-4 요점 정리

인터페이스는 사용자와 디바이스의 접점이며, 사용자 경험은 사용자가 서비스를 통해 받는 직간접적인 모든 경험을 의미한다. 현재 디자인은 UX를 포괄하며 범위가 넓은 편이지만, 그 중심에는 역시 UI가 있다.

- 디자인은 곧 설계다.
- UI란 사용자와 디바이스의 접점이다.
- UX란 사용자가 서비스를 통해 받는 모든 경험이다.
- UI와 UX는 다른 개념이다.
- UI는 객관적이지만, UX는 주관적이다.

2장

디바이스의
물리적 특성

이번 장에서는 인터페이스의 출발점인
디바이스의 물리적 특성에 초점을 맞춘다.
사용하기 편한 디자인을 만들려면
사용자가 디바이스를 어떻게 접하는지,
디바이스로 무엇이 가능한지 등 디바이스
하드웨어의 고유성을 이해해야 한다.
사용자와 디바이스의 접점인 물리적
특성을 이해하는 것은 인터페이스
디자인의 시발점이라고 할 수 있다.

2-1 다양한 디바이스별 특징

앞서 말한 대로, 이 책은 컴퓨터·스마트폰·태블릿·TV 등 4가지 디바이스를 대상으로 한다. 디바이스에 따라 용도와 사용 조건이 달라지므로, 가장 적합한 인터페이스 또한 달라진다.

컴퓨터란 마우스나 터치패드(트랙패드) 등 위치를 지정할 수 있는 '포인팅 디바이스'와 키보드를 갖춘 디바이스를 말한다. 스마트폰은 주로 4인치에서 7인치 화면의 터치패널로 조작하는 무선 단말기이며, 태블릿은 7인치 이상의 터치패널을 갖춘 무선 단말기다. TV는 리모컨으로 조작하는 약 30인치 이상의 단말기를 일컫는다.

데스크톱 컴퓨터   **노트북 컴퓨터**   **태블릿 PC(키보드 반전형)**

컴퓨터의 예. 태블릿 PC란 펜이나 키보드를 통해 기존 노트북 컴퓨터와 같은 수준으로 조작할 수 있는 태블릿 단말기를 말한다. 키보드를 뒤집어서 태블릿처럼 사용할 수도 있다.
사진: (왼쪽) HP / (가운데) 애플 / (오른쪽) 구글

iOS 스마트폰(아이폰)   **안드로이드 스마트폰**   **베젤리스 스마트폰**

스마트폰의 예. 사실상 안드로이드폰과 아이폰이 대부분을 차지한다. 베젤리스 스마트폰은 디스플레이 영역을 최대한 넓히기 위해 베젤을 최소화한 단말기다.
사진: (왼쪽) 애플 / (가운데) 구글 / (오른쪽) 애플, 에센셜

iOS 태블릿(아이패드) **안드로이드 태블릿** **태블릿 PC(키보드 분리형)**

태블릿의 예. 키보드를 분리할 수 있는 태블릿 PC는 컴퓨터보다 태블릿에 가깝다.

사진: (왼쪽) 애플 / (가운데) 화웨이 / (오른쪽) 마이크로소프트

안드로이드 탑재형 TV **스틱형 안드로이드 TV** **애플 TV**

TV의 예. 스마트 TV라고도 부른다. 소니의 브라비아Bravia처럼 OS를 탑재한 TV와 스틱형, 설치형 셋톱 박스(STB) 등 다양한 하드웨어가 있다.

사진: (왼쪽) 소니 / (가운데) 아마존 / (오른쪽) 애플

태블릿과 컴퓨터의 특징을 함께 갖춘 태블릿 PC와 (6인치 이상의) 큰 화면으로 태블릿에 가까운 스마트폰인 '패블릿' 등 디바이스는 여러 분류로 더 나눌 수 있다. 이렇듯 다양한 디바이스의 특수성을 이해하고 이를 바탕으로 인터페이스 디자인을 검토할 필요가 있다.

4가지 디바이스의 특징 정리

	스마트폰	태블릿	컴퓨터	TV
입력 수단	터치패널	터치패널	키보드+ 마우스·터치패드	리모컨
화면 크기	작다 4~7인치 정도	중간 7~13인치 정도	크다 11~27인치 정도	매우 크다 32~60인치 정도
화면 가변성	전면 고정	전면 고정	가변(브라우저)	전면 고정
화면 방향	주로 세로 (때로는 가로)	가로·세로	임의(브라우저)	가로
화면과의 거리	매우 가깝다	가깝다	약간 가깝다	매우 멀다
종횡비*	16:9, 18:9 등	4:3, 16:10 등	16:9, 16:10 등	16:9
문자 입력	△ 약간 어렵다	△ 약간 어렵다	○ 쉽다	⊗ 어렵다
조작 정밀성	△ 약간 엉성하다	△ 약간 엉성하다	○ 정밀하다	⊗ 매우 엉성하다
디자인 요소 크기	약간 크다	크다	작다	매우 크다
프라이버시	1인	1인·공용	주로 1인	여럿이 동시에 사용
운반과 이동	이동 중 언제라도 이용	옮길 수 있지만 이용할 때는 고정	옮길 수 있지만 이용할 때는 고정	완전히 고정
양면성을 가진 단말기	패블릿**	태블릿 PC		

* 종횡비에는 디바이스마다 많이 사용하는 대표 비율을 기재했다.
** 패블릿이란 스마트폰과 태블릿의 중간선에 있는 6인치 이상의 큰 화면을 가진 스마트폰의 호칭이다.

2-2 입력 수단에 따른 인터페이스 변화

모든 인터페이스는 디바이스와 어떤 형태로든 접촉하는 것에서 시작한다. 여기서는 디자인에 가장 큰 영향을 주는 입력 수단의 차이점을 설명하겠다.

컴퓨터: 키보드+포인팅 디바이스

데스크톱 컴퓨터나 노트북 컴퓨터는 키보드와 포인팅 디바이스(마우스나 터치패드)로 조작한다. 문자는 키보드로 입력하고, 그 외의 조작은 대부분 마우스나 터치패드로 이루어진다. 마우스와 터치패드는 다른 디바이스 대비 **정밀한 조작이 가능**하며 화면 디자인이 세밀하더라도 어려움 없이 조작할 수 있다.

또한 **세로 스크롤이 강점**으로, 세로로 상당히 긴 화면이라도 별 부담 없이 조작할 수 있다. 반면 가로 스크롤에는 사용하기 매우 불편하다. 컴퓨터는 키보드도 갖추고 있기 때문에 문자 입력도 편하게 처리할 수 있다.

마우스와 키보드　　　　　　**터치패드**

마우스의 휠 굴리기와 터치패드의 두 손가락 스크롤과 같이 컴퓨터는 기본적으로 세로 스크롤이 강화되어 있다.

컴퓨터 디자인의 가장 뚜렷한 특징은 **호버*를 사용할 수 있다**는 것이다. 한눈에 클릭할 수 있는지 알아보기 힘든 대상이라도 호버를 통해 쉽게 판단할 수 있

---

*　호버hover란 대상 위에 포인팅 디바이스를 올려놓는 동작을 말한다. 클릭 없이 올려놓는 동작에만 반응하여 사용자에게 대상의 속성을 알려 준다. 마우스 오버 또는 롤 오버라고도 부른다.

다. 즉 호버로 사용자가 화면 구성 요소 사이의 차이를 시각에 의존하지 않고 인식할 수 있다.

　따라서 호버는 디자인 자유도에서 여유를 가지게 한다. 이런 이유로 컴퓨터 화면은 '구성 요소가 세밀하고' '세로로 길며' '호버와 스크롤을 잘 활용한' 디자인이라는 특징을 지니고 있다.

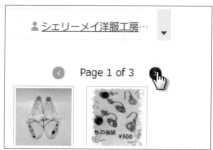

컴퓨터 디자인의 특징을 잘 살린 세밀한 디자인

정밀한 조작이 가능하고, 눈으로 확인하기 힘든 작은 선택 대상이라도 호버로 쉽게 조작할 수 있다.

https://www.creema.jp/

스마트폰과 태블릿: 터치패널

스마트폰의 터치패널

태블릿의 터치패널

　　스마트폰과 태블릿은 터치패널로 조작한다. 터치패널은 탭·더블 탭·핀치·스와이프와 같이 다양한 제스처로 조작할 수 있다. 대상을 (탭해서) 선택하기 위해 손가락을 사용한다. 모든 조작이 손가락으로 이루어지므로, 링크와 버튼 등 조작 대상 요소는 어느 정도의 크기를 갖추어야 한다. 자그마한 요소를 손가락으로 선택하려면 꽤 신경을 써야 하므로 화면을 널찍하게 디자인하는 것이다.

　　문자 입력 면에서 스마트폰과 태블릿은 소프트웨어 키보드를 사용하므로 컴퓨터 키보드보다 불편할 수밖에 없다. 본디 스마트폰과 태블릿은 많은 문자를 입력하거나 정밀한 조작을 하기에는 적합하지 않으며, 주로 정보 열람에 쓰인다.

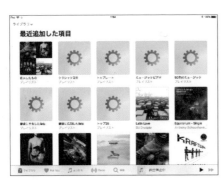

뮤직(iOS: 아이패드)

IME(iOS: 아이패드)

터치패널에서는 모든 조작이 손가락으로 이루어지기 때문에 선택 요소가 크고 널찍하게 배치되어야 한다. IME(문자 입력 소프트웨어) 크기도 커야 한다.

터치패널이 디자인에 미친 가장 큰 영향은 **호버를 사용할 수 없다**는 점이다. 호버가 없으므로 요소를 누를지 말지를 터치하기 전에 판별해야 한다. 선택이 가능한지 판단하기 힘든 디자인이라면 의심스러운 곳을 탭해서 확인해야 하므로 불필요한 수고와 적지 않은 스트레스가 항상 발생한다. 따라서 터치패널 디자인에서 **눈에 보이는 것만으로 대상의 선택 가능 여부를 판별할 수 있느냐**가 가장 중요하다.

닛케이 온라인판(iOS: 아이폰)

문자가 많은 화면에서도 선택할 수 있는 대상을 눈으로 찾아낼 수 있어야 한다.

솔리드 익스플로러 Solid Explorer**(안드로이드폰)**

파일 관리 소프트웨어에서 복사, 붙여 넣기, 삭제, 새로 만들기, 이동, 속성 변경 등 다양한 조작을 할 수 있다. 각 대상은 터치할 수 있을 만큼 충분히 커야 한다.

스마트폰은 한 손으로 쥐고 사용하는 경우가 많다. 따라서 조작도 한 손으로 모두 처리할 수 있다면 편리할 것이다.

한 손 조작에서 중요한 것은 엄지손가락의 동작 범위다. 손을 고쳐 쥐지 않고 엄지손가락으로 탭할 수 있는 범위는 한정적이다. 제한된 범위에서 주요 인터페이스를 모아 두면 한 손으로도 사용하기 쉬워진다. 이에 스마트폰 제조사들은 독자적인 아이디어를 내놓고 있다.

또한 스마트폰 단말기는 대부분 가로 폭이 좁아질수록 한 손으로 조작하기 쉬워진다. 화면을 되도록 크게 만드는 동시에 가로 폭을 좁게 구현하려는 모순을 만족하는 해결책 중 하나가 아이폰 X처럼 베젤이 좁은 스마트폰이다.

왼손으로 사용할 때　오른손으로 사용할 때

**한 손으로 쥘 때 엄지손가락의
동작 범위**

사용자는 왼손이든 오른손이든 어느 한 손의 엄지손가락으로 스마트폰 화면을 조작한다. 이때 고쳐 쥐지 않고 엄지손가락이 닿는 범위에는 한계가 있다.

iOS의 화면 상단 간편 접근 기능
iOS에는 '손쉬운 사용' 기능이 있어서 화면 전체를 아래로 한 번에 내릴 수 있다.

iOS의 한 손 키보드
iOS11부터는 IME의 지구 마크를 길게 누르면 키보드를 좌우 한쪽으로 옮길 수 있다.

안드로이드의 한 손 조작 모드
몇몇 제조사에서는 스마트폰의 화면 전체를 왼쪽 아래(또는 오른쪽 아래)로 축소할 수 있는 '한 손 조작 모드'를 제공한다.

2

디바이스의 물리적 특성

TV: 리모컨 또는 컨트롤러

TV 부속 리모컨

애플 TV의 리모컨
사진: 애플 뉴스룸

TV는 리모컨이나 게임 컨트롤러로 조작한다. 리모컨은 기본적으로 하드웨어, 즉 TV에 딸려 있으며, TV에 따라 형태와 기능이 서로 다르다. 하지만 대부분의 리모컨은 사용자가 원하는 기능에 포커스를 옮길 수 있도록 '방향키(또는 터치패드)', '선택 버튼', '뒤로 가기 버튼'이 세트를 이룬다.

TV 인터페이스의 눈에 띄는 특징은 **원하는 요소로 포커스를 이동해서 조작한** 다는 점과 **음성 입력이** 있다는 점이다. 컴퓨터의 (포인팅 디바이스를 통한) 커서 이동이나 스마트폰·태블릿의 터치패널과 달리 TV에서는 화면의 요소를 **직접 선** **택할 수 없다.** 선택 대상까지 버튼을 눌러 가며 포커스를 옮긴 후에 대상을 확정 해야 한다.

그래서 디자인에서는 포커스가 **지금 어디에 있는지를 분명하게 파악하는 것이** 가장 중요하다. 또한 포커스는 연속으로 움직이므로, 포커스 이동으로 맞춰지는 각 요소가 크거나 멀리 떨어져 있으면 좋지 않다. 다시 말해 TV 인터페이스 디자 인에는 **요소의 연속성이** 필요하다.

안드로이드 TV 홈 화면(안드로이드 9)

리모컨 인터페이스에서 포커스를 옮기려면 포커스의 현재 위치를 분명하게 알아야 한다. 구성 요소가 크거나 멀리 떨어져 있으면 포커스의 이동 길이가 길어지므로, 요소들을 서로 가깝게 배치해야 한다.

안드로이드 TV에서의 포커스 표시

유튜브(안드로이드 TV) 사례. 포커스를 맞춘 요소는 배경색과 글자색이 반전된다. 배경색이 반전되면 포커스 대상에 테두리가 만들어진다.

애플 TV에서의 포커스 표시

애플 TV에는 포커스를 맞춘 요소가 커질 뿐 아니라, 터치패드로 포커스를 이동할 때 '좌우로 흔들리는 움직임'이 추가됐다.

TV 인터페이스는 포커스를 맞춘 곳을 분명하게 명시할 필요가 있다. 그래서 '테두리 생성', '배경색이나 글자색 변경', '요소 크기 확대', '움직임 추가'와 같은 **표현 차별화**를 2가지 이상 조합하는 것이 좋다. 또한 개념상으로 TV의 포커스 이동이 컴퓨터의 호버에 가까우므로, 포커스를 맞출 때만 문자를 스크롤하는 것처럼 다른 표현 방법도 고려해 볼 만하다.

일반적으로 포커스를 이동할 때는 방향키를 몇 번 누르게 된다. 애플 TV의 리모컨처럼 터치패널을 조작해서 포커스를 이동하기도 하지만, 컴퓨터나 스마트폰 등 다른 디바이스와 비교했을 때 TV 리모컨 조작은 신체적으로 적잖은 부담이 따른다.

포커스에 테두리 생성만 적용한 예

유넥스트U-NEXT(안드로이드 TV)

포커스에 배경색 변경만 적용한 예

구글 플레이 뮤비 앤 티비(안드로이드 TV)

포커스에 크기 확대와 배경색 변경을 적용한 예

구글 플레이 뮤직(안드로이드 TV) 의 예. 포커스된 대상은 크기가 커지고 색이 반전되어 분명하게 구분된다. 이와 달리 위의 두 사례는 표현 차별화가 약간 부족해서 포커스된 부분을 인식하기 어렵다.

포커스 이동을 가로와 세로의 두 방향이 아니라 세로나 가로 중 한 방향으로 끝낼 수 있다면 조작 부담이 상당히 줄어든다. 손가락을 옮길 필요도 없이 같은 곳에서 버튼을 연속해서 누르면 조작을 끝낼 수 있기 때문이다. TV 인터페이스 중에 가로 또는 세로의 한 방향으로 **단순화된 조작** 체계를 가진 것을 종종 볼 수 있다. 겉보기에는 단조로울 수 있지만, 실제로 조작할 때는 신체적 부하가 감소한다.

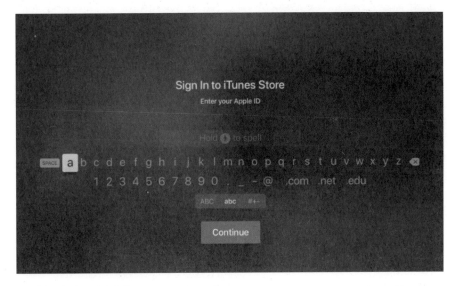

가로 이동만 있는 인터페이스

애플 TV의 IME. 문자가 가로로 나란히 늘어선 방식이라 독특해 보여도 조작할 때 신체적 부하가 줄어든다. 알파벳뿐이라면 가로 일렬 나열은 현실적인 인터페이스 아이디어다.

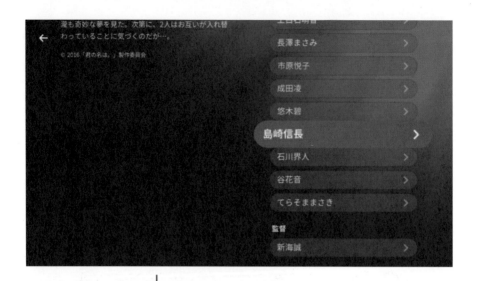

↓

세로 이동만 있는 인터페이스

츠타야 무비TSUTAYA movie(안드로이드 TV)의 예. 포커스가 세로로만 이동하는 인터페이스 또한 조작할 때 신체적 부하가 적어서 편리하다.

↓

TV의 또 다른 특별한 기능은 **음성 입력**이다. 번거로운 문자 입력 대신 음성 입력이라면 정확성은 약간 떨어지더라도 수고를 줄일 수 있다. 따라서 전체적인 사용성이 크게 향상된다. 이 때문에 마이크 기능을 갖춘 TV 리모컨이 많으며, 음성 입력은 특히 검색에서 요긴하게 쓰인다.

브라비아의 리모컨에 있는 마이크
현재는 마이크 기능을 가진 TV 리모
컨이 증가하고 있다.

리모컨으로 음성 검색
문자 입력이 어려운 TV에서는 음성
검색이 편리하다.

TV 인터페이스를 조작할 때 리모컨 말고 게임 컨트롤러를 사용하기도 한다. 겉모습은 크게 다르지만, 조작 방법에는 별다른 차이가 없다. 눈에 띄는 차이라 면 리모컨은 한 손으로, 게임 컨트롤러는 두 손으로 조작한다는 점이다. '이동은 왼손', '결정과 취소는 오른손'으로 **역할을 할당**하므로, 포커스 이동이나 결정에 서 손가락을 들어 올릴 일을 크게 줄인다는 장점이 있다. 단점으로는 한 손으로 조작할 수 없다는 점과 기기 크기가 크다는 점을 들 수 있다.

사진: 애플 뉴스룸

게임 컨트롤러
게임 컨트롤러는 두 손으로 사용할 수 있는 것이 가장 큰 특징이다. 이동은 왼손으로, 결정과 뒤로 가기 는 오른손으로 역할을 나누면 사용하기 편하다.

클릭·터치·포커스의 차이

앞서 살펴본 대로 클릭, 터치, 포커스는 무엇을 선택하고 결정한다는 점에서는 같지만, 특성은 서로 다르다. 정리하자면 다음과 같다.

① 마우스나 터치패드의 '클릭'은 세세한 조작이 가능하고 호버를 활용할 수 있다.
② 스마트폰과 태블릿의 '터치'는 다양한 제스처를 사용할 수 있지만, 호버가 없으며 세세한 조작에는 적합하지 않다.
③ TV의 '포커스'는 호버에 해당하는 인터랙션을 가지지만, 신체적 부하가 크고 세세한 조작에도 적합하지 않다.

이 3가지의 가장 큰 차이점은 클릭과 터치는 **직접 선택**이고, 포커스는 **직접 선택이 아니라는** 점이다. 여기서 말하는 직접 선택은 선택 대상을 한 번의 동작으로 확정할 수 있다는 의미다. TV에서는 선택 대상까지 때에 따라 포커스를 몇 번 이동한 후에 비로소 그다음 동작으로 넘어갈 수 있다.

만약 화면 오른쪽 위에 '검색 버튼'이 있다면, 컴퓨터나 스마트폰에서는 클릭 또는 터치 한 번으로 끝난다. 그러나 TV에서는 왼쪽 위에서 출발해서 오른쪽 위까지 포커스를 이동해야 한다. 연속으로 이동한다면 그나마 다행이지만, 포커스를 맞출 수 있는 요소가 이동 중에 전혀 없다면 어떻게 될까? 포커스의 부자연스러운 순간이동을 목격할 가능성이 크다.

컴퓨터, 스마트폰, 태블릿에서는 전부 직접 선택할 수 있으므로 기본적으로 같은 인터페이스로 디자인할 수 있다. 하지만 TV에서는 같은 인터페이스로 디자인하기 어려워서 다른 방식의 디자인이 이루어진다. 바꿔 말하자면 컴퓨터, 스마트폰, 태블릿의 디자인은 서로 가깝고, TV의 디자인은 훨씬 멀다. 이것은 단순히 하드웨어의 차이로 비롯됐다.

실제 크기 동물 도감(안드로이드 TV)

포커스 대상 중에 하나만 멀리 떨어져 있어 인식하기 어렵다. 또 포커스 이동 시에 포커스 맞춘 곳을 찾아 헤매게 된다. 포커스 이동에는 요소의 연속성이 중요하다.

마우스나 터치패널 등의 조작법과 비교하면 TV 리모컨은 조작이 불편한 디바이스에 속한다. TV 제조사들은 스마트폰과 페어링해서 리모컨 대신 스마드폰으로 문자를 입력할 수 있게 하거나 앱과 연계해서 모든 조작을 가능하게 하는 등 리모컨 특유의 불편함을 보완하는 시도를 진행하고 있다.

애플 TV - 부속 리모컨과 리모트 앱

애플에서는 아이폰과 아이패드로 애플 TV를 원격 조작할 수 있는 리모트remote 앱을 공개했다. 오른쪽 예시 화면의 빨간 테두리 안쪽을 리모컨의 터치패널 부분처럼 조작할 수 있다. 또한 iOS11 이후부터 컨트롤 센터에서도 애플 TV를 조작할 수 있게 되었다.

리모트 앱 화면

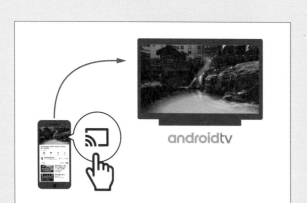

유튜브에 포함된 구글 캐스트

구글 캐스트는 음악과 동영상을 다른 디바이스로 송출하는 기능이다. 안드로이드나 iOS 앱에 포함되어 있으며 안드로이드 TV로 원하는 음악과 영상을 출력할 수 있다.

2-3 화면의 여러 가지 특성

오늘날 다양한 디바이스가 등장했지만, 디바이스에서 아직 주로 사용되는 감각은 '시각'이다. 화면을 매개로 정보를 주고받는 사실 또한 크게 달라지지 않았다. 여기서는 인터페이스에 영향을 주는 화면의 요인을 살펴보자.

거리: 사용자의 눈에서 디바이스 화면까지

인터페이스에 영향을 미치는 첫 번째 요인은 사용자의 눈부터 화면까지의 거리다. 스마트폰의 경우 팔을 안으로 굽히는 만큼 화면과 사용자 눈의 거리가 매우 가깝다. 그러나 컴퓨터와 태블릿은 팔을 뻗어서 손이 닿는 범위에 화면이 있고, TV는 상당한 거리를 두고 본다.

화면과의 거리가 가까우면 세세한 디자인이라도 문제없이 볼 수 있지만, 거리가 멀어지면 크게 디자인해야만 정확하게 볼 수 있다. 즉 스마트폰으로 보는 문자는 작아도 상관없지만, TV로 보는 문자는 크지 않으면 읽기 어렵다.

디바이스를 사용할 때는 적절한 거리를 유지해야 한다. 이 거리는 디자인에 영향을 미치고 때로는 제약으로 작용한다. 즉 화면에서의 크기(실제 사이즈)와 눈으로 느껴지는 문자의 크기(체감 사이즈)는 화면과의 거리에 따라 달라진다.

2

디바이스의 물리적 특성

각 디바이스의 화면을 실제 크기로 비교한 예

스마트폰 화면은 작지만 눈과의 거리가 가깝고, TV 화면은 크지만 거리가 멀다. 그래서 사용자가 실제로 느끼는 문자 크기는 크게 다르지 않다. TV에서는 각 부분 요소도 크게 디자인해야 한다.

각 디바이스까지의 거리

화면 크기와 해상도에 관계없이 디바이스별 최적 거리는 어느 정도 정해져 있다. 디바이스마다 적합한 정보량은 거리의 영향을 받는다.

크기: 디바이스의 고유성

크기는 화면의 사이즈를 말한다. 화면 크기에서 가장 먼저 언급되는 것은 크기의 가변성이다. 컴퓨터에서는 브라우저 크기를 자유롭게 바꿀 수 있지만, 스마트폰·태블릿·TV는 모두 전체 화면으로 표시하므로 (앱이든 브라우저든) 화면 크기를 바꿀 수 없다.

전체 화면에서는 표시할 부분의 크기를 늘리거나 줄일 수 없으며, 화면 크기의 가변성은 디바이스마다 본디 정해진 것을 의미한다. 이것이 컴퓨터 인터페이스 디자인과 스마트폰·태블릿·TV의 인터페이스 디자인이 근본적으로 다른 이유 중 하나다.

화면 형태가 고정되었다면, 다음으로 주목할 점은 화면의 **종횡비**(애스펙트비*)다. 대부분의 레이아웃 디자인은 화면 형태에 따라 정해지기 때문이다. 또 인터페이스는 형상을 변경할 수 없다는 점과 종횡비가 얼마인가에 따라 영향을 받는다.

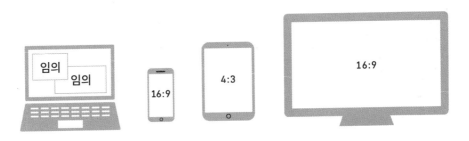

컴퓨터·스마트폰·태블릿·TV의 화면 크기와 종횡비
컴퓨터에서는 브라우저 크기를 임의로 변경할 수 있지만, 스마트폰·태블릿·TV의 디바이스 화면 크기와 종횡비는 항상 고정된다. 많이 채택하는 종횡비의 경우 스마트폰은 16:9, 태블릿은 4:3, TV는 16:9다.

현재는 모든 디바이스에서 '16:9'가 종횡비의 한 가지 기준이 되었다. 이는 스마트폰의 표준 비율인 동시에 모든 TV의 고정 비율이다. 한편 태블릿에서는 아이패드의 '4:3'이 또 하나의 기준이다. 화면의 종횡비는 인터페이스 레이아웃 디자인의 시작점이며, 시대에 따라 변할 수 있다.

실제로 모든 스마트폰이 16:9를 채택한 것은 아니며, 종횡비는 시간이 지남에 따라 서서히 커지는 경향이 있다. 예를 들어 아이폰의 종횡비는 첫 모델부터 4S까지는 3:2였으나 이후 16:9로 커졌다. 아이폰 X, 에센셜 폰Essential Phone, 갤럭시 S8처럼 베젤이 좁은 스마트폰은 16:9보다 더 큰 종횡비를 채택한 사례도 있다.

마지막으로 주목할 점은 화면 **사이즈(크기)** 그 자체다. 이것은 단순히 화면 크

---

* 애스펙트비aspect ratio, 즉 종횡비는 화면의 가로세로 비율을 의미한다. 보통 16:9처럼 정수로 표시하지만, 1.777:1처럼 작은 쪽을 1로 해서 소수로 표현하기도 한다. 이 책에서는 정수비로 표현한다.

기가 클수록 더 많은 정보를 담을 수 있다는 것을 의미한다. 화면 크기가 4인치인 아이폰 SE와 5.5인치인 아이폰 8 플러스를 비교하면, 후자가 홈 화면에 더 많은 아이콘을 표시할 수 있다.

√ 컴퓨터에서 표시하는 브라우저는 임의로 크기를 변경할 수 있지만, 모니터의 자체 해상도는 1920×1200 또는 1920×1080 등 16:9 비율에 가까운 것이 많다.
√ 16:9는 영상 분야의 표시 크기에서 유래한 것인데, 점차 스마트폰에도 채택되었다. 4:3의 유래에 관한 여러 설 중에, 가로세로 어느 방향으로도 사용하기 편하다는 점과 전자책을 읽기에 적합하기 때문이라는 의견이 있다.

알아보기 | 화면 분할

스마트폰과 태블릿 화면 크기를 바꿀 수는 없지만, 분할은 가능하다. 아이패드는 iOS9부터 한 화면에 2가지 앱을 동시에 실행할 수 있는 화면 분할(스플릿 뷰)이라는 기능이 추가되었다. 예를 들면 유튜브를 보면서 브라우저로 검색을 할 수 있다. 마찬가지로 안드로이드는 7.0부터 화면을 나눠서 동시에 조작할 수 있는 멀티 윈도우라는 기능을 탑재했다.

√ 화면 분할은 아는 사람만 사용하는 보조 기능에 그치고 있다. 아직 모든 앱에서 가능하지는 않으며, 인터페이스 조작이 어려운 경우도 있다.

아이패드의 화면 분할

안드로이드의 멀티 윈도우

하지만 이것은 같은 디바이스, 즉 스마트폰들만 비교하여 성립된 결과다. 서로 다른 디바이스 간 비교라면 **거리의 영향**을 고려해야 한다. 화면 크기만 따지자면 TV 화면은 매우 크다. 하지만 사용자와의 거리가 멀어서 전체 요소를 크게 보여 줘야 하므로 실질적으로 표시할 수 있는 정보는 스마트폰과 크게 다르지 않다.

화면의 크기는 디바이스의 고유한 특성이다. 인터페이스 디자인에서 화면 크기에 대해 고려할 포인트는 '가변성', '종횡비', '크기' 3가지다.

√ 스마트폰 앱을 태블릿에서 사용하듯, 같은 앱을 다른 디바이스에서 사용한다면 디바이스별 최적화가 필요하다.

시야각: 시청에 적합한 거리감

시야각$^{viewing\ angle}$은 '보고 있는 대상의 한쪽 끝에서 반대쪽 끝까지' 또는 '눈이 이루는 각도'를 의미한다. 대상까지의 거리와 크기로 정해지기 때문에, 대상이 가깝거나 클수록 시야각은 커진다.

시야각이 크면 눈이 움직이는 범위가 커지므로 신체적 부하가 증가한다. 부담을 줄이려면 멀찍이 거리를 두어 시야각을 줄여야 한다. 멀리 있는 것일수록 모든 요소를 크게 표시해야만 같은 수준의 편리함을 확보할 수 있다. 같은 시야각을 유지한다면, 스마트폰보다 거리가 멀어지는 태블릿에서 요소를 크게 표시해야 한다.

스마트폰과 태블릿의 거리감 예시. 스마트폰은 바짝 붙은 자세에서, 태블릿은 멀찍이 떨어진 자세에서 보게 된다.

TV의 인치 크기와 시청에 적합한 거리감
TV 사이즈가 클수록 화면과 거리를 둬야 하는 이유는 시청에 적합한 시야각에 한계가 있기 때문이다.

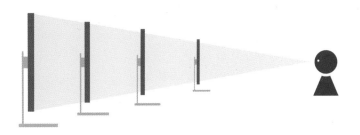

방향: 레이아웃을 결정하는 요소

화면의 방향이란 화면의 긴 변이 세로나 가로 중 어디로 향하는지를 의미한다. 스마트폰·태블릿·TV처럼 '화면이 고정된 디바이스'는 세로나 가로의 한 방향으로 사용할 수 있다. 이때 화면의 방향은 '스크롤 방향'과 '서비스 기능'에 영향을 주며, 화면 종횡비가 클수록 그 영향력은 커진다.

스크롤 방향이란 화면이 짧은 쪽으로 스크롤하는 것보다 긴 쪽으로 스크롤하는 것이 자연스럽게 느껴지는 것을 말한다. 예컨대 스마트폰에서 웹 브라우저와 같이 연속으로 스크롤할 일이 있는 앱을 사용한다면, 스크롤 방향은 화면이 긴 세로 방향이다. 이것은 다른 앱에서도 마찬가지며, 화면의 짧은 방향으로 스크롤하는 일은 드물다(화면의 짧은 쪽 방향으로는 스크롤 대신 페이징이 주로 발생한다).

서비스 기능에 영향을 준다는 의미는 같은 앱이라도 세로 또는 가로로 표시하는 내용과 인터페이스가 크게 변한다는 것을 일컫는다. 태블릿 버전의 유튜브에서는 세로 보기와 가로 보기가 같은 기능을 제공하지만, 각 기능의 레이아웃은 달라진다.

iOS 기본 캘린더 앱에서는 세로 보기와 가로 보기에서 표시하는 내용 자체가 크게 바뀐다(세로 보기에서는 이벤트만 표시하고, 가로 보기에서는 5일간 시간대별 일정을 표시한다). 이처럼 기능과 인터페이스는 방향에 따라 크게 달라진다. 디자인을 할 때 틀에 잘 들어맞지 않는다면, 보이는 방식과 기능을 크게 바꾸는 것도 한 가지 해결책이 될 수 있다.

√ 스크롤과 페이징의 관계는 '6-8: 스크롤과 페이징'을 참조할 것.

유튜브(iOS: 아이패드)
가로 보기와 세로 보기 예시

가로 보기는 좌우 둘로 나뉘어 2칼
럼으로 표시되며, 왼쪽에 동영상과
댓글, 오른쪽에 관련 동영상이 나온
다. 세로 보기는 1칼럼으로 표시되
며 동영상, 관련 동영상, 댓글 순으
로 위아래로 나열된다. 레이아웃은
다르지만, 제공하는 기능에는 차이
가 없다.

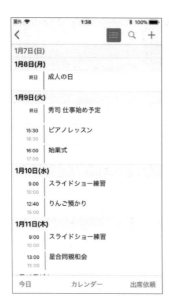

캘린더(iOS: 아이폰) 세로 보기와 가로 보기 예시

세로 보기에서는 등록된 이벤트 목록이 표시된다(등록된 이벤트만 세로 방향으로 표시). 가로 보기에서는 5일간 시간대별 이벤트 목록이 표시된다(가로 스크롤로 날짜 이동, 세로 스크롤로 시간 이동). 방향에 따라 인터페이스뿐 아니라, 서비스의 기능 수준도 달라진다.

알아보기 | TV의 세이프티 존(안전 영역)

TV에서는 화면 프레임 주위에 채널 이름이나 현재 시각처럼 제조사마다 독자적인 정보를 표시할 때가 있다. 그래서 내비게이션이나 중요 콘텐츠, 포커스 가능 요소 등을 화면 전체의 '안쪽 90%'에 배치하는 것이 좋다. 이 영역은 '세이프티 존' 또는 '안전 영역'으로 불린다. TV 인터페이스 디자인에서는 표시 영역이 제한적이라는 점을 명심하자.

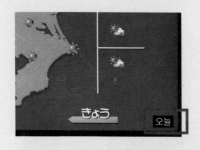

TV 제조사가 독자적으로 표시하는 정보

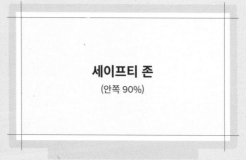

세이프티 존 영역

포커스할 수 있는 UI 요소와 타이틀, 텍스트 등은 화면 전체의 안쪽 90%(세이프티 존)에 배치하는 것이 바람직하다.

2-4 안드로이드폰과 아이폰

안드로이드폰과 아이폰의 가장 뚜렷한 차이점은 '뒤로 가기 버튼'과 '홈 버튼'이다. 그 영향은 OS와 앱 전체에 미친다.

뒤로 가기 버튼과 홈 버튼

안드로이드폰과 아이폰이 스마트폰 점유율의 대부분을 차지하는 만큼, 사실상 표준처럼 여겨진다. 안드로이드폰은 아이폰과 다르게 사용자와 제조사가 커스터마이즈, 즉 개별화할 수 있고 자유도와 기능성이 높다는 특징이 있다.

초반의 안드로이드폰에는 버튼이 많았지만 시간이 지날수록 개수가 서서히 줄어들었다. 한편 버튼이 하나뿐인 기종도 있었는데, 그때 마지막까지 남은 버튼은 뒤로 가기였다. '뒤로 가기'는 안드로이드를 특징짓는 중요한 기능이다.

√ 전 세계적으로 안드로이드폰의 점유율이 높지만, 일본 외 몇몇 국가는 아이폰의 점유율이 높다.

애플에서 발매한 첫 아이폰부터 아이폰 8에 이르기까지 버튼은 항상 홈 버튼 하나뿐이었다. 베젤이 좁은 아이폰 X에서는 하드웨어 버튼이 사라졌지만, 홈으로 뒤로 가기 위해 버튼 대신 제스처를 사용한다.
사진: 애플

아이폰(첫 모델)　　　　아이폰 8　　　　아이폰 X

구글에서 발매한 첫 안드로이드폰 단말기는 넥서스 원이었다. 4개의 하드웨어 버튼과 트랙볼을 채택했다. 버튼 개수는 점차 줄어들어서 이후 노키아 X처럼 버튼이 하나인 기종도 등장했다. 최종적으로 에센셜 폰처럼 '뒤로 가기', '홈', '메뉴'라는 3가지 버튼이 표준으로 자리 잡았다.
사진: (왼쪽) 구글 / (가운데) 노키아 / (오른쪽) 에센셜

넥서스 원　　　　노키아 X　　　　에센셜 폰

반면 아이폰은 첫 모델부터 아이폰 8까지 계속 '홈 버튼' 하나였다. 버튼을 2개 이상 설치하는 것을 지양하며 독자적인 단순함을 관철했다. 전면 풀 스크린을 구현하고 베젤이 좁은 아이폰 X에서는 하드웨어 버튼을 제거했지만, 홈으로 돌아가는 제스처*를 채택했다. 아이폰에는 '뒤로 가기 버튼'에 해당하는 기능이 없지만, 언제든시 홈 화면으로 돌아갈 수 있다.

크롬(안드로이드폰)

크롬(아이폰)

안드로이드폰과 아이폰은 브라우저 인터페이스부터 미묘하게 다르다. 뒤로 가기 버튼이 없는 아이폰의 브라우저에는 헤더 부분에 '←', 즉 뒤로 가기 링크를 갖출 필요가 있다('앞으로 가기'는 모두 '⋯' 아이콘 안에 있다).

이베이(안드로이드폰)

이베이(아이폰)

뒤로 가기 버튼의 유무에 따라 인터페이스가 근본적으로 영향을 받기도 한다. 각각의 폰으로 이베이 앱에 접속한 사진을 살펴보자. 아이폰에는 왼쪽 위에 뒤로 돌아가는 버튼이 있지만, 안드로이드폰에는 왼쪽 위에 3줄로 된 메뉴 버튼(햄버거 아이콘)을 두었다. 즉 안드로이드폰에는 왼쪽에 슬라이드 기능의 인터페이스를 배치할 수 있지만, 아이폰은 그럴 수 없다.

---

* 화면 아래의 바를 위로 약간 쓸어 올리는 제스처를 통해 홈 화면으로 돌아갈 수 있다.

이 둘의 차이는 OS에만 있지 않다. 앱에 따라 인터페이스도 달라진다. 예를 들어 브라우저 앱(크롬)을 비교해 보면, 아이폰에서는 화면 왼쪽 위에 뒤로 가기 링크가 마련되어 있다. 그렇지 않으면 앞 페이지로 돌아갈 방법이 없다. 이에 비해 안드로이드에서는 뒤로 가기 링크를 두지 않는다. 하드웨어의 뒤로 가기 버튼을 사용하는 것을 전제로 OS와 앱의 인터페이스를 디자인했기 때문이다.

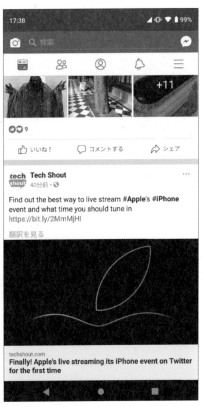

페이스북(아이폰)

iOS 버전 페이스북에서는 화면 아래에 탭을 설치했다. 엄지손가락이 닿는 범위에서 탭을 조작할 수 있게끔 고려한 것이다. 탭 조작을 통해 메뉴 전환과 최신 게시물을 확인할 수 있다.

페이스북(안드로이드폰)

안드로이드 버전 페이스북에서는 탭을 화면 위에 설치했다. 안드로이드에는 OS 표준으로 화면 아래에 뒤로 가기 버튼이 있어서 최신 게시물을 바로 표시할 수 있다. 탭 메뉴 전환은 화면을 좌우로 스와이프해도 가능하다(iOS에는 이 기능이 없다).

두 OS의 차이가 두드러지는 예로 페이스북 앱을 비교해 보자. 페이스북에는 최신 게시물을 바로 읽을 수 있는 기능이 있다. 페이지를 보다가 뒤로 가거나 탭을 누르면, 페이지 첫 화면으로 돌아가며 그 시점에서의 최신 게시물을 새로 표시한다. 여기서 주목할 점은 탭의 위치다. 아이폰에서는 화면 아래, 안드로이드폰에서는 빈대로 화면 위에 있다.

안드로이드폰에는 탭이 위쪽에 있다. 따라서 손가락이 닿지 않더라도 뒤로 가기 버튼이 화면 아래(엄지손가락이 닿는 범위)에 있는 만큼 첫 화면으로 쉽게 돌아갈 수 있다. 하지만 아이폰에는 뒤로 가기 버튼이 없어서 첫 화면으로 돌아가려면 탭 버튼을 사용할 수밖에 없다. 그러므로 이때 탭은 아래에 있는 편이 좋다. 다시 말해 뒤로 가기 버튼 유무에 따라 최적의 인터페이스가 달라진다.

√ 정확하게 말하자면 첫 화면으로 돌아갈 때 최신 또는 다른 게시물을 표시하게 되어 있다.
√ 안드로이드폰에서 탭이 위쪽에 자리한 또 다른 이유는 아래쪽에 스크롤의 여유 공간을 두기 위함일 수 있다. 자세한 내용은 6장을 참조할 것.

저널리스트 브라이언 머천트Brian Merchant의 저서*에 따르면 스티브 잡스는 원래 아이폰에 뒤로 가기 버튼도 탑재해야 한다고 강하게 주장했다. 끝내 디자이너 임란 쇼드리Imran Chaudhri의 주장에 따라 홈 버튼 하나로 수렴되었다. 만약 그렇지 않았다면 안드로이드폰과 아이폰의 UI는 지금보다 더 비슷한 모습이었을 수 있다.

* 《원 디바이스》(매일경제신문사, 정미진 옮김).

알아보기 | 스마트폰의 시작

스마트폰 인터페이스의 시작은 사실상 아이폰이라 해도 무리가 아닐 것이다. 그전까지 주류였던 피처폰과 달리 전면 터치패널을 채용한 인터페이스는 한발 앞선 것이었으며, 아이폰은 크게 히트했다. '스마트폰=터치패널'이라는 개념도 이때부터 확산되었다.

스마트폰의 주요 특징은 커스터마이즈가 가능하다는 것과 자유롭게 앱을 설치할 수 있다는 것, 브라우저 표시가 컴퓨터와 호환된다는 것이다(마찬가지로 자유롭게 앱을 설치할 수 있는 TV가 바로 스마트 TV다. 지금의 안드로이드 TV와 애플 TV 등이 여기에 해당한다).

커스터마이즈 관점에서 말하자면, 아이폰보다 3년 전에 등장한 '702NK(Nokia6630)'를 들 수 있다. 2004년 말에 발매된 이 스마트폰은 터치패널이 아닌 텐키 방식을 채용하며 OS는 심비안이었다. 사용자가 자유롭게 앱을 설치할 수 있었고(실력 있는 사용자가 만든 앱도 자유롭게 설치할 수 있었다), 착신음도 사용자가 좋아하는 음악으로 커스터마이즈할 수 있었다.

현재는 스마트폰이 터치패널을 장착한 휴대전화라는 인식이 당연하지만, 엄밀하게 스마트폰과 터치패널은 각기 다른 기술이다. 따라서 현재 이 둘이 분리하기 어렵게 연결되어 있다고 이해하는 편이 맞을 것이다.

아이폰 3G

사진: 애플

702NK(Nokia6630)

2004년 12월 발매(일본)

사진: 노키아

2

디바이스의 물리적 특성

53

2-5 요점 정리

디바이스마다 고유의 화면과 입력 수단이 있으며, 입력 수단이 달라지면 그에 맞춰 디자인도 바뀐다. 인터페이스 디자인이 대상은 소프트웨어지만, 시작은 언제나 하드웨어다. 새로운 디바이스가 등장할 때는 이런 원칙으로 돌아가서 고민하는 것이 인터페이스 디자인의 단서가 된다.

- 인터페이스는 디바이스와 물리적으로 접촉하는 것에서 시작한다.
- 입력 수단의 차이는 인터페이스 디자인에 근본적인 영향을 미친다.
- 컴퓨터에서는 호버를 사용할 수 있지만, 스마트폰과 태블릿에서는 불가능하다.
- 컴퓨터·스마트폰·태블릿에서는 대상을 직접 선택하고, TV에서는 포커스를 옮겨서 선택한다.
- 디바이스에 따라 사용자와 화면 간의 거리와 화면 크기, 방향이 모두 다르다.
- 화면의 크기와 종횡비는 디바이스의 고유성이며 변경할 수 없다.
- 화면의 거리, 크기, 방향의 차이는 인터페이스 디자인에 영향을 미친다.
- 안드로이드와 iOS의 차이는 뒤로 가기 버튼의 유무와 큰 관련이 있다.

3장

소프트웨어의 영향

이번 장에서는 하드웨어에서 작동하는
소프트웨어의 특성과 영향을 소개한다.
디바이스를 사용할 때 OS, 앱, 웹사이트에
어떠한 일이 일어나는지와 함께 텍스트·
이미지·동영상 등의 특성도 다룬다.
극단적으로 표현하자면 인터페이스
디자인은 소프트웨어의 조작성과 인지라는
과제를 어떻게 해결하는지에 관한 것이라
할 수 있다.

3-1 웹과 앱의 정의

소프트웨어 레이어

소프트웨어는 여러 레이어(계층)로 이루어져 있다. 크게 보면 우선 하드웨어를 제어하는 OS가 있고, 그 위에 웹(브라우저)이나 앱, 더 위에는 콘텐츠인 텍스트·이미지·동영상이 자리한다. 소프트웨어라고 불리는 것은 OS부터 그 위에 있는 레이어들을 가리킨다.

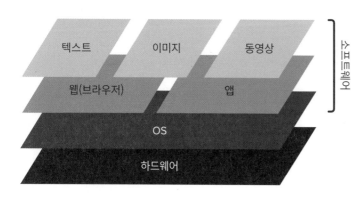

소프트웨어 레이어
소프트웨어의 계층 구조를 개념적으로 표현한 그림이다. 사용자는 가장 아래에 있는 하드웨어를 물리적으로 조작해서 가장 위에 있는 '텍스트·이미지·동영상'을 사용한다.

OS의 정의

OS란 하드웨어*를 제어하는 소프트웨어이자, 웹사이트나 앱을 통해 텍스트와 이미지 등을 조작·표시하는 데 토대가 되는 소프트웨어를 의미한다. 컴퓨터는 윈도즈나 맥OS, 스마트폰 또는 태블릿은 안드로이드나 iOS, TV는 안드로이드 TV나 tvOS처럼 디바이스마다 OS가 정해져 있다.

OS는 소프트웨어의 근간이지만, OS 차이로 인해 인터페이스가 받는 영향은 그리 크지 않다. 오히려 OS와 세트를 이루는 하드웨어에서 받는 영향이 훨씬 크다고 할 수 있다. 즉 하드웨어로서 같은 구성 요소를 가지고 있다면, OS가 달라도 인터페이스 디자인은 거의 같아진다.

---

* 하드웨어에 관해서는 '2-1: 다양한 디바이스별 특징'을 참조할 것.

	구글 계열	애플 계열	윈도즈 계열
컴퓨터	크롬OS	맥OS	윈도즈
스마트폰	안드로이드	iOS	(윈도즈)
태블릿	안드로이드	iOS	윈도즈
TV	안드로이드 TV	tvOS	-

디바이스별 대표적인 OS

주로 사용하는 OS들을 구글 계열, 맥 계열, 윈도즈 계열 3가지로 크게 분류할 수 있다. 컴퓨터와 TV에서는 개별 OS를 사용하지만, 스마트폰과 태블릿에서는 공통 OS를 사용한다. 이는 하드웨어의 차이(마우스 또는 터치패널이나 리모컨)에서 비롯된 경우가 많다.

웹과 앱의 공통점과 차이점

OS에서 작동하는 게임이나 도구 등의 소프트웨어는 '애플리케이션' 또는 '앱'이라 부른다. 이러한 앱 중 하나가 '웹 브라우저'이며, 웹 브라우저로 사용하는 서비스가 '웹사이트'다. 사용자가 무언가를 보거나 찾거나 사용하고 싶어 한다면, 그러한 욕구를 채울 때 웹사이트나 앱 중 한쪽을 사용하게 된다.

동영상을 보려고 유튜브를 사용한다면, 유튜브 앱을 설치하거나 크롬 등의 웹 브라우저로 'www.youtube.com'에 접속하는 방법이 있다. 전자는 앱, 후자는 웹사이트로 유튜브라는 서비스를 사용하는 것이다. 즉 서비스의 인터페이스 디자인은 대부분 이런 웹사이트나 앱의 인터페이스를 디자인하는 것을 일컫는다.

웹사이트와 앱에서 제공하는 기능들은 본질적으로 같다. 여러 앱을 사용하든 브라우저만 사용하든 일기 예보를 보거나 지하철 환승 정보를 확인하고 가게를 예약하는 등 할 수 있는 기능이라면 **어느 쪽이든 같다**. 그렇다면 다른 점은 대체 무엇일까?

우선 **앱은 전용 도구**이므로, 해당 서비스 전용 인터페이스가 편리하게 설계되어 있다. 또한 기본적으로 네이티브*로 설치되어 있으므로, 조작이 경쾌할 뿐 아니라 풍부한 인터랙션을 실현할 수 있다. 앱은 설치 조건에 따라 데이터 사용량 최소화도 가능하다. 그 대신에 앱은 어디까지나 '단일 기능, 단일 서비스에 특화된 소프트웨어'라는 지위를 가진다.

반면 **웹사이트는 범용 도구**이자, 동시에 여러 개를 사용할 수 있는 만능 소프트웨어다. 달리 말하자면 앱은 OS에 설치해서 사용하는 **전용 애플리케이션**이고, 웹사이트는 웹 브라우저를 사용하는 **범용 애플리케이션**이라고 할 수 있다.

스마트폰(웹)

태블릿(웹)

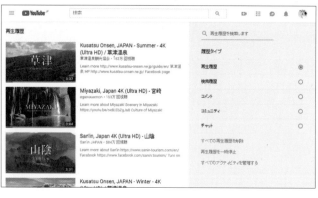

컴퓨터(웹)

왼쪽은 웹사이트에서 유튜브 화면 예시, 오른쪽은 앱에서 유튜브 화면 예시다. 기본적인 기능은 둘 다 같지만, 조작의 경쾌함이나 인터랙션의 풍부함에는 차이가 있다.

---

* 네이티브란 OS와 직접 정보를 주고받는 프로그램 언어다. 안드로이드에서는 자바Java나 코틀린Kotlin, iOS에서는 스위프트Swift 등을 사용한다.

스마트폰(앱)　　　　　　　태블릿(앱)

컴퓨터(앱)

마이크로소프트 엑셀(앱)　　　　　구글 스프레드시트(웹)

특히 컴퓨터에서는 웹사이트와 앱의 차이가 좁혀진다. 구글 스프레드시트에서는 마이크로소프트 엑셀에서 가능한 기본적인 기능의 대부분을 처리할 수 있다.

웹사이트의 특징

웹사이트는 웹 브라우저를 통해 이용하는 서비스다. 웹사이트를 앱과 비교하면 다음과 같은 장단점이 있다.

장점

- 멀티 디바이스로 전개되기 쉽다.
- OS로 인한 환경 격차가 적다.
- 여러 브라우저를 동시에 사용할 수 있다.
- 서비스마다 설치할 필요가 없다.

단점

- 조작 인터랙션이 부족하다.
- 제스처에 대응하기 어렵다.
- 조작 속도가 느리다.

웹사이트의 가장 큰 특징은 **URL과 떼려야 뗄 수 없다**는 것이다. 다시 말해 URL별, 즉 페이지 단위로 제어하는 것과 분리하여 생각할 수 없다. 뒤로 가기, 앞으로 가기 등의 페이지 제어도 여기에서 파생되었다. 웹사이트를 통한 인터페이스가 OS를 불문하고 어떤 환경에서도 거의 같은 점은 URL의 영향이다.

예컨대 어떤 웹사이트에 들어갈 때 '윈도즈의 IE10'을 사용하든 '맥OS의 사파리'를 사용하든 큰 차이가 없다. 스마트폰에서도 마찬가지로 '안드로이드 크롬'으로 본 것과 '아이폰 사파리'로 본 것에는 차이가 없다.

이렇듯 다른 OS라도 인터페이스에 근본적인 차이가 생기기 어려우므로, 웹사이트는 멀티 디바이스로 전개되기 쉽다. 같은 URL이라도 화면 폭에 따라 표시를 전환하는 반응형 디자인을 구현하면, 컴퓨터·스마트폰·태블릿 등에서 쉽게 웹사이트를 운영할 수 있다.

√ 컴퓨터, 스마트폰, 태블릿, (일단) TV는 모두 웹 브라우저를 가진다. 하지만 디바이스별로 웹사이트와 앱의 사용 빈도가 크게 달라진다. 웹사이트의 이용 빈도는 컴퓨터에서 가장 높으며, 스마트폰과 태블릿이 그다음이며, TV에서는 일단 사용하지 않는다. 앱 이용 빈도는 웹사이트 이용 빈도와 정반대다.

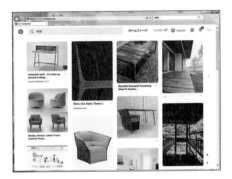

윈도즈 IE10

맥OS 사파리

웹사이트는 웹 브라우저만 있으면 디바이스 간의 차이를 상쇄한다. 따라서 OS나 디바이스가 다르더라도 같은 디자인을 실현할 수 있다. 또한 URL과 언제나 불가분의 관계에 있다.

https://www.pinterest.jp/

iOS(아이패드) 크롬

스마트폰 　　**태블릿** 　　　　**컴퓨터**

멀티 디바이스에 반응형 디자인으로 대응

웹사이트는 URL에 의존한다는 특징이 있다. 반응형 디자인은 같은 URL의 웹사이트에서 화면 폭에 맞춰 표시를 전환하는 디자인 기법이며, 멀티 디바이스로 수월하게 전개할 수 있다. '레스폰시브 웹 디자인 JPResponsive Web Design JP'에서 많은 반응형 디자인 사례를 확인할 수 있다.

http://responsive-jp.com/

63

앱의 특징

웹사이트와 비교하면 앱에는 다음과 같은 장단점이 있다.

장점

- 동작이 빠르고 조작이 경쾌하다.
- 터치패널을 통해 다양한 제스처에 대응할 수 있다.
- 소량의 데이터로도 (같은 조건의 웹사이트와 비교해서) 충분하다.
- 중단이나 재개가 쉽다.

단점

- 서비스별로 설치할 필요가 있다.
- OS마다 다른 프로그래밍 언어로 개발할 필요가 있다.
- 최적의 인터페이스가 디바이스 또는 OS마다 달라진다.

앱은 디바이스별로 설치하는 전용 기능이다. 최적의 인터페이스와 인터랙션을 실현하기 쉽다는 장점이 있다. 또한 웹사이트에서는 실현하기 어려운 인터랙션도 앱에서는 가능할 때가 많다.

스마트폰과 태블릿 앱은 iOS와 안드로이드라는 두 OS 측면에서 인터페이스의 차이를 결코 무시할 수 없다. 근본적인 이유는 두 OS의 하드웨어가 다르기 때문이다(양쪽의 디자인 가이드라인* 차이점도 원인을 제공한다). iOS와 안드로이드 앱을 같은 인터페이스로 만드는 것은 가능하다. 그러나 안드로이드의 특징인 뒤로 가기 버튼의 우위성을 무시하게 되므로, iOS에 최적이라도 안드로이드에는 최적일 수 없다.

한편 TV 앱의 경우 안드로이드 TV와 tvOS를 비교했을 때 OS의 차이가 기본적으로 앱의 차이를 불러오지는 않았다. 하드웨어(리모컨)의 차이가 거의 없기 때문이다.

---

* 디자인 가이드라인에 관해서는 '7-2: 디자인 가이드라인'을 참조할 것.

즉 웹사이트에서는 웹 브라우저가 하드웨어의 차이를 흡수해서 환경에 영향을 받지 않는 동일성을 보장한다. 하지만 앱에서는 하드웨어의 차이가 인터페이스 디자인에 직접 영향을 미친다. 다시 말해 앱은 웹사이트보다 하드웨어와 훨씬 밀접한 소프트웨어라고 할 수 있다.

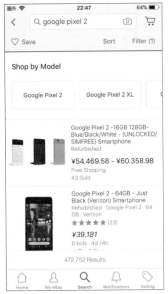

안드로이드와 iOS에서 이베이 앱의 인터페이스는 근본적으로 다르다. 이에 비해 안드로이드 TV와 tvOS의 유튜브 앱은 거의 차이가 없다. 스마트폰 하드웨어의 차이가 큰 영향을 미치기 때문이다.

이베이(안드로이드폰)   이베이(아이폰)

유튜브
(안드로이드 TV)

유튜브(tvOS)

화면 왼쪽 끝에서 스와이프

안드로이드폰에서 구글 플레이의 사례. 안드로이드 계열 앱에서는 화면 왼쪽 끝에서 스와이프하는 기능을 자주 사용한다. 화면 가운데가 아닌 화면 끝에서 스와이프를 인식하는 것은 웹사이트에서는 구현하기 어렵다.

좌우 스와이프로 선택하는 틴더 UI

GLIT(iOS: 아이폰)의 예시로, Yes나 No를 좌우 스와이프로 결정할 수 있는 독특한 인터페이스다. 매칭 앱인 틴더 Tinder에서 주로 사용하기 때문에 '틴더 UI'라고 불린다.

웹사이트와 앱을 어떻게 활용해야 할까?

그렇다면 웹사이트와 앱을 어떻게 사용하는 것이 좋을까? 다음의 사항을 살펴보자.

웹사이트
- 구현하기 쉬움
- 일단 사용할 수 있는 간편함
- 멀티 디바이스 대응력

앱
- 빠른 작동 속도와 경쾌한 조작
- 단일 기능, 단일 서비스의 전용성
- 인터랙션 대응력

웹사이트와 앱 중 무엇이 적절한지는 사용자가 그것으로 무엇을 할 수 있는지, 어떤 경험을 얻을 수 있는지 등의 **서비스 목적**에 근거해서 판단한다. 인터페이스로서 양자의 실현 가능성('할 수 있다' 또는 '할 수 없다')은 다르므로, 웹사이트와 앱의 차이 또한 구현 첫 단계부터 명확하게 의식해야 한다.

앱에 최적화된 인터페이스와 인터랙션을 웹사이트에서도 똑같이 실현할 수는 없다. 둘의 기본적인 기능이 같고 소프트웨어로서도 비슷하지만, 인터페이스는 웹사이트에서 크게 달라진다는 점을 인식하자.

앱에 가까운 경험을 간단하게 실현하는 기술로 주목받는 것이 구글을 중심으로 사용하는 '프로그레시브 웹 앱스PWA; Progressive Web Apps'다. PWA는 한마디로 앱처럼 동작할 수 있는 웹사이트라고 말할 수 있다. 또한 앱과 웹사이트의 장점을 섞은 것으로도 볼 수 있다.

앱은 구글 플레이 스토어나 애플 앱 스토어를 거쳐서 설치해야 하지만, PWA는 웹사이트를 표시한 후에 홈 화면에 추가하기만 하면 설치할 수 있다. 따라서 사용자는 서비스를 간편하게 시작할 수 있다. 또한 홈 화면에 추가한 PWA는 앱처럼 다룰 수 있어 심리적 허들이 크게 내려간다.

PWA는 동작이 경쾌해서 표시 속도가 빠르며, 캐시를 이용해 오프라인일 때도 조작할 수 있다. 웹사이트에서는 불가능했던 푸시 알림도 가능하지만, 앱처럼 업데이트할 필요는 없다. 스마트폰뿐 아니라 컴퓨터에서도 이용할 수 있다.

하지만 PWA는 겉모습이 앱이라도 실상은 웹사이트다. 앱과 같은 정도로 인터랙션을 실현할 수는 없다. iOS의 PWA에서는 웹 브라우저가 가진 '뒤로 가기 버튼'이나 앱에서 처리하는 '왼쪽 슬라이드로 뒤로 가기'가 동작하지 않는다. 따라서 설계할 때 이러한 것들을 고려하지 않으면 뒤로 가기를 하지 못할 수 있다.

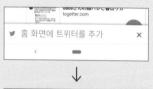

PWA에 대응하는 서비스는 홈 화면에 아이콘을 추가할 수 있다.

구글이 정한 PWA 체크리스트에 따르면 웹사이트 개발에 쓰이는 기술로 PWA에 대응할 수 있다. 이는 개발 비용 면에서 유리하며, 개발 면에서도 서비스를 손쉽게 만들고 빠르게 검증할 수 있어 PWA가 적합할 것이다.

트위터(PWA)

트위터(iOS: 아이폰)

왼쪽부터 '브라우저 버전', 'PWA 버전', '앱 버전'

인터페이스 차이

PWA는 웹사이트를 앱처럼 보여 주는 기술이므로, 기본적인 인터페이스는 웹사이트와 같다. iOS의 트위터로 비교하면, 앱 버전만 탭 내비게이션이 화면 아래쪽에 있는 것을 확인할 수 있다.

3-2 텍스트·이미지·동영상

정보와 콘텐츠는 텍스트, 이미지, 동영상으로 집약할 수 있다. 콘텐츠에 있어 소프트웨어가 미치는 영향, 특히 해상도에 관해 살펴보자.

해상도: 콘텐츠를 더욱 선명하게

해상도란 화면이 표시할 수 있는 세밀한 정도를 말한다. 얼마큼 세밀하게 표시할 수 있는지는 하드웨어(모니터)에 따라, 얼마큼 명료하게 표시할 수 있는지는 OS에 따라 결정된다. 한편 하드웨어로서 표시할 수 있는 해상도를 '물리해상도'라고 하며, OS에 따라 실제로 표시되는 해상도를 '논리해상도'라고 한다.

이전 컴퓨터나 스마트폰은 물리해상도와 논리해상도가 항상 같았다(예: 물리해상도 1920×1080px, 논리해상도 1920×1080px). 최근 컴퓨터·스마트폰·태블릿·TV는 물리해상도가 논리해상도보다 대체로 크다(예: 물리해상도 3840×2160px, 논리해상도 1920×1080px). 물리해상도가 정확하게 논리해상도의 2배인 것을 '@2×' 또는 '2배' 해상도라 하고, 3배인 것을 '@3×' 또는 '3배' 해상도라고 한다. 이처럼 해상도는 하드웨어와 OS에 따라 달라진다.

√ 화면 해상도의 물리적 값과 논리적 값이 같은 상태를 '도트 바이 도트dot by dot'라고 한다.

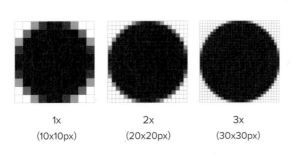

1x	2x	3x
(10x10px)	(20x20px)	(30x30px)

해상도와 디바이스

컴퓨터는 등배(@1×), 2배(@2×). 스마트폰은 등배(@1×), 2배(@2×), 3배(@3×). 태블릿은 등배(@1×), 2배(@2×). TV는 HD(720p: 1280×720)와 FHD(1080p: 1920×1080), 4K(3840×2160), 8K(7680×4320). 이처럼 모든 디바이스의 해상도는 다양하다.

| 컴퓨터 |
| 스마트폰(@4×도 있음) |
| 태블릿 |
| TV |

해상도가 2~3배로 증가하면 그만큼 명료해지므로 텍스트와 이미지의 윤곽이 더욱 선명하게 표시된다. 반대로 대상이 물리해상도에 이르지 못하면 흐릿하게 보인다.

텍스트: 최강의 데이터 형식

텍스트는 모든 데이터의 기본인 동시에 최강의 데이터 형식이다. 어떤 디바이스나 해상도라도 OS는 텍스트를 최적화해서 표시한다. 해상도가 높아질수록 깨끗하게 표시되며, 확대해도 전혀 깨지지 않는다.

최근에는 2~3배의 해상도를 가진 디바이스가 보편적으로 사용되고 있다. 앞으로 해상도가 어디까지 높아질지 알 수 없지만, 적어도 현재 해상도보다 낮아지지는 않을 것이다. 텍스트는 특히 해상도에 크게 영향을 받지 않고, 환경이 좋아지면 오히려 이익을 보는 데이터 형식이라 할 수 있다.

@1× 텍스트   @2× 텍스트   @3× 텍스트

@1×(등배 해상도), @2×(2배 해상도), @3×(3배 해상도)에서의 텍스트 데이터 예시. 해상도가 등배에서 2배로 올라가면 확실히 선명해진다. 2배와 3배의 차이는 그리 두드러지지 않는다.

단순히 겉으로 보이는 문제를 제쳐 두더라도, 텍스트로 표시할 수 있는 것은 이미지화하지 않고 텍스트로 두는 편이 유리하다. 문자를 복사·붙여 넣기할 수 있을 뿐만 아니라, 컴퓨터가 인식하기도 쉽다. 따라서 다른 언어를 구사하는 사용자가 방문하더라도 웹 브라우저가 텍스트를 번역해 서비스의 이해를 돕는다. 메뉴와 버튼의 문자를 이미지가 아닌 텍스트로 나타내는 서비스가 많은 이유다. 즉 텍스트는 이용이나 접근이 편리한 데이터 형식이다.

장기적인 관점에서 바라본다면, 이미지는 기술과 해상도의 발전에 맞춰 수정되어야 하지만 텍스트는 그렇지 않다. 다시 말해 텍스트 데이터는 세월의 영향을 크게 받지 않고 오랫동안 콘텐츠로서의 가치를 유지하기 쉽다는 이점이 있다.

알아보기 | 국가 코드와 언어 코드

웹사이트 URL을 살펴보면 'kr'이나 'ko'와 같은 문자를 볼 수 있다. 바로 '국가 코드'와 '언어 코드'다. 둘의 차이를 이해하지 못해 다언어 또는 다국어로 서비스를 전개할 때 난처해하는 사례를 종종 접한다.

일본이나 한국은 공용어가 하나이므로 의식할 일이 없지만, 전 세계에는 2개 이상의 공용어를 가진 나라가 많다. 또한 미국에서는 주에 따라 스페인어를 사용하는 사람도 있기 때문에 공용어가 아닌 다른 언어에도 대응해야 한다.

핵심은 국가와 언어를 구분하여, URL에 양쪽을 기재하는 것이다. 한국은 'kr'이지만 한국어는 'ko'다. 미국은 'us'이고 영국은 'uk'이지만, 영어는 'en'이다. 나라와 언어를 분명하게 구별하면 서비스를 전 세계로 확장하더라도 혹시 모르는 문제를 예방할 수 있다.

국가 코드와 언어 코드 전환 기능
벨기에는 België(네덜란드어)와 Belgique(프랑스어)의 2가지 언어에 대응한다.
https://www.apple.com/choose-country-region/

국가 코드와 언어 코드

국가 코드	언어 코드
kr(한국)	ko(한국어)
jp(일본)	ja(일본어)
us(미국)	en(영어)
uk(영국)	es(스페인어)
fr(프랑스)	fr(프랑스어)
be(벨기에)	nl(네덜란드어)
…	…

나라가 '**한국**'이고 언어가 '**한국어**'인 예
http://www.example.com/**kr-ko**/
http://www.example.com/**kr/ko**/

벨기에는 **네덜란드어**와 **프랑스어**를 많이 사용한다.
3번째는 전 세계에서 사용하는 영어에 대응하는 예시다.

http://www.example.com/**be-nl**/
http://www.example.com/**be-fr**/
http://www.example.com/**be-en**/

소프트웨어의 영향

이미지: 어느 상황에서든 같은 모습으로

이미지는 텍스트만큼 중요한 데이터 형식이다. 상품 이미지와 촬영 사진처럼 이미지 그 자체를 메인 정보로 다룰 때도 있고, 버튼이나 아이콘처럼 보조 용도로 사용하기도 한다.

해상도의 영향을 제외하면 이미지 데이터는 어떤 경우라도 **환경의 영향을 받지 않고 완전히 같게 보이는** 특징이 있다. 텍스트 데이터로 표현할 수 있는 정보를 일부러 이미지화하는 이유 가운데 하나는 OS나 디바이스와 같은 환경의 차이를 무시하고 모든 상황에서 같게 보이도록 만들고 싶어서다. 또한 텍스트 데이터의 행간, 자간, 안티앨리어싱*과 같이 문자에 세세한 조정을 추가하려는 이유도 있다. 텍스트 데이터는 OS가 최적화해서 표시하므로, 종이 포스터처럼 자의적으로 조정한 문자로는 표현할 수 없다.

이런 특징이 이미지 데이터의 단점이 되기도 한다. 즉 이미지 데이터는 텍스트 데이터처럼 환경이나 해상도에 따라서 최적화되지 않는다. 텍스트로 충분한 정보를 이미지화하려면 그에 맞는 타당한 이유가 있어야 한다.

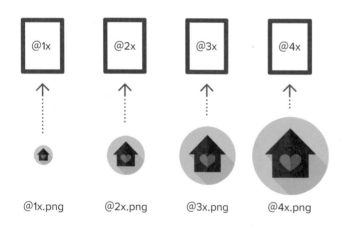

@1x.png   @2x.png   @3x.png   @4x.png

해상도와 이미지 데이터의 관계
화면 해상도가 높아질수록 표시하는 이미지 데이터의 크기도 커져야 한다. 예시처럼 각 해상도에 맞는 이미지 크기를 만들어서 구분해야 한다.

이미지 데이터에는 몇 가지 종류가 있다. 주로 사용하는 것은 GIF, JPEG, PNG이며, 새로 등장한 WEBP 등이 있다. 이러한 데이터 형식은 모두 **레스터 데**

---

* 안티앨리어싱anti-aliasing은 문자의 윤곽이 매끄럽게 표시되도록 처리하는 것을 말한다.

이터(비트맵 데이터)라고 불린다. 기본적으로 1픽셀마다 정보를 가지며 그것들이 모여서 '이미지'를 이룬다.

이미지 데이터의 가장 큰 문제점은 여러 해상도에 대한 대응이다. 현재 2배, 3배 해상도가 보편화된 만큼, 이미지 데이터를 깨끗하게 표시하려면 등배, 2배, 3배 등 여러 버전을 만들고 나눠서 표시해야 한다.

그렇다면 이미지를 해상도별로 최적화하는 적절한 방법은 무엇일까? 예를 들어 HTML5.1로 구현한 반응형 이미지*에서는 나눠서 표시하는 방법을 지원한다. 그러나 여전히 이미지를 여러 버전으로 준비해야 한다. 어쩌면 훗날 OS나 웹 브라우저 측에서 어떠한 형태로든 도움을 줄지도 모르지만, 해상도에 맞춰서 최적화하는 결정적인 수단은 아직 확립되지 않았다.

2배 해상도의 이미지만으로 대응한 예
카카쿠닷컴(kakaku.com)처럼 모든 이미지를 2배 해상도로 준비하는 방법도 있다. 등배 해상도는 축소해서 표시하고, 3배 해상도는 늘려서 표시한다. 인간은 3배 이상의 해상도에서는 차이를 거의 의식하지 못하기 때문이다.
http://s.kakaku.com/

SVG 이미지

GIF, JPG, PNG처럼 1픽셀마다 정보를 축적하는 이미지 형식을 래스터 데이터(비트맵 데이터)라고 부르는 반면, SVG와 PDF처럼 기하학적 계산으로 그림을 그리는 이미지 형식을 **벡터 데이터**라고 부른다. 웹사이트나 앱에서는 주로 SVG를 벡터 형식의 이미지 데이터로 사용한다.

SVG는 이미지 파일이 아니다. 텍스트로 기술되어 텍스트 데이터와 이미지 데이터의 중간과 같은 특성이 있다. GIF, JPG, PNG와 같은 이미지 형식과 비교해

---

* HTML5.1에서 구현한 반응형 이미지 샘플 코드
```
<img srcset="@1x.png 1x, @2x.png 2x, @3x.png 3x, @4x.png 4x" sizes="100px">
```

보면 많은 장점이 있는데, 그중 하나는 **해상도의 영향을 받지 않고** (텍스트 데이터처럼) OS와 브라우저에서 최적의 형태로 표시할 수 있다는 점이다.

벡터 데이터는 계산으로 그림을 그리는 이미지 파일이므로, 화면 해상도가 높든 낮든 그 환경에 가장 어울리게 표시된다. 그러므로 텍스트 데이터와 마찬가지로 확대해도 깨지지 않는다. 사진과 같은 복잡한 이미지는 SVG에 적합하지 않지만, 단순한 형상과 색으로 만들어진 이미지는 적합하다. 그리는 내용에 따라서는 파일 크기가 매우 작아질 수도 있다. 실체가 텍스트 데이터이므로 에디터 프로그램에서 편집할 수 있는 것도 특징이다.

PNG 로고 이미지　　　　　　　　　**SVG 로고 이미지**

니혼게이자이 신문 웹사이트에서는 표시 환경에 따라 로고 이미지를 전환한다. 윈도즈 IE8 이하라면 PNG로, 그 외의 환경이라면 SVG로 로고를 표시한다.

https://www.nikkei.com/

폭스바겐의 경고 램프

SVG 데이터

폭스바겐 일본 웹사이트에는 경고 램프를 SVG로 표시했다. SVG에 적합한 단순화 아이콘은 다양한 환경에서 적절하게 구현될 수 있다.

https://www.volkswagen.co.jp/ja/afterservice/owner/lamp.html

반면 오래된 환경이나 브라우저에서는 SVG에 대응할 수 없다(그렇지만 안드로이드 2.3 이하, IE8 이하 등 상당히 제한된 환경이다). 스마트폰과 태블릿은 기본적으로 (웹 표준을 준수하는) 모던 웹 브라우저를 구현하며, 해상도가 높은 디바이스도 많다. 그러므로 SVG는 스마트폰, 태블릿과 궁합이 좋은 이미지 형식이라 할 수 있다. 로고나 단순한 도형이라면 SVG의 활용을 적극적으로 권한다.

동영상: 자주 쓰이는 중요 콘텐츠

인터넷에서 동영상은 텍스트와 이미지만큼 중요한 콘텐츠가 되었다. 컴퓨터·스마트폰·태블릿·TV 등 디바이스 형태를 불문하고 자주 사용되며, 화면이 큰 디바이스일수록 시청 빈도가 높은 편이다. 또 동영상은 한 명은 물론 여러 명이 동시에 시청할 수 있다. 화면이 큰 디바이스일수록 많은 사람이 시청하기에 적합할 것이다.

동영상의 인터페이스에 대해 우리가 할 수 있는 것은 많지 않다. 대부분의 동영상은 '16:9'의 종횡비로 고정되어 있으며, 가로든 세로든 기다란 쪽으로 배치하는 자유도만 존재할 뿐이다. 한편 동영상은 메인 콘텐츠로 쓸 수 있을 뿐 아니라, 보조 용도로서 배경에 흘려보낼 수도(백그라운드 재생) 있다. 동영상이 있으면 서비스의 매력이 커지기도 한다.

대다수의 동영상은 가로가 긴 '16:9'이지만, C채널C Channel처럼 스마트폰으로 제작되어 세로가 긴 영상도 있다.

유튜브(iOS: 아이폰)   C채널(iOS: 아이폰)

백그라운드 재생

동영상을 백그라운드 재생처럼 보조 콘텐츠로 활용할 수도 있다.

https://www.jybh.fr/fr/workshops

알아보기 | 유니티로 멀티 플랫폼 구현하기

'포켓몬 GO', '슈퍼 마리오 런' 등의 게임 앱 분야에서는 멀티 플랫폼 개발 환경인 '유니티Unity'를 자주 사용한다. 그전까지 앱을 개발할 때는 디바이스와 OS마다 다른 프로그램 언어가 필요했다.

유니티는 윈도즈·맥·리눅스 등의 데스크톱 환경, iOS·안드로이드 등의 스마트폰, 플레이스테이션·위 유Wii U 등의 게임 단말기, 플러그인(유니티 웹 플레이어)이 설치된 웹 브라우저에 대응한다. 즉 유니티로 개발한 앱은 대부분의 환경에서 사용할 수 있다. OS의 네이티브로 개발되고 최적화한 앱보다 제어 기능이 약간 떨어지지만, 확대·축소·회전과 같은 3D 연산 처리가 뛰어나서 의료, 건축 등의 업계에서 활용하고 있다.

포켓몬 GO
(iOS/안드로이드)

슈퍼 마리오 런
(iOS/안드로이드)

멀티 플랫폼 대응

https://unity.com/ja

3-3 퍼포먼스의 특성

인터페이스와 퍼포먼스(수행력)가 상반되는 개념은 아니다. 그러나 저울에 물건을 올리고 균형을 잡듯 비교해야만 하는 상황도 있다. 퍼포먼스가 낮으면 모든 것이 헛수고가 될 가능성이 있기 때문이다.

퍼포먼스는 빠르기를 의미한다

퍼포먼스란 표시, 조작과 관련한 '빠르기(스피드)'와 거의 일맥상통하다. 표시 속도가 느릴수록 사용자가 필요한 콘텐츠를 발견할 가능성이 작아지는데, 이때 작업 완료에 드는 시간 역시 길어진다. 통신이 원활하지 않다면 필요한 파일을 모두 읽어 들이지 못하는 것은 물론, 애초에 표시조차 불가능하다. 그 결과 사용자 만족도는 떨어지고 이탈률은 높아질 것이다.

구글은 특히 스마트폰 웹사이트상의 표시 속도를 중요시한 만큼, 2018년 7월부터 표시가 빠른 사이트일수록 검색 결과의 순위를 높이기로 했다. 한편 인터랙션을 풍부하게 사용한 인터페이스 디자인은 (특히 웹사이트에서) 퍼포먼스가 악화하기 쉬우므로 주의해야 한다.

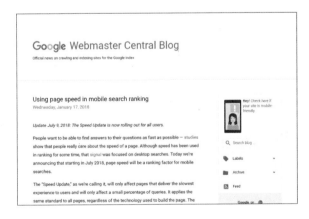

모바일 검색 순위에 페이지 속도 사용(구글블로그)

구글은 검색 순위에 페이지 속도를 지표로 추가한다고 발표했다.

https://developers.google.com/search/blog/2018/01/using-page-speed-in-mobile-search

웹사이트이냐 앱이냐에 따라 퍼포먼스에서 고려해야 할 것이 달라진다. 앱은 네이티브로 구현하므로 웹사이트와 비교해 퍼포먼스, 즉 조작 속도 면에서 유리하다. 퍼포먼스를 얼마나 중시하느냐에 따라 웹사이트와 앱 중에 어디서 구현할지 또는 어떤 인터페이스로 구현할지가 달라진다. 이어지는 내용에 퍼포먼스 향상에 영향을 주는 몇 가지 사례를 소개하겠다.

HTTP/2

HTTP는 하이퍼텍스트 전송 프로토콜Hypertext Transfer Protocol을 의미하며, 웹사이트와 앱은 이 프로토콜 위에서 데이터를 주고받는다. 그전까지 HTTP의 기본적인 통신 방법은 '하나의 요청에 대해 하나의 응답을 하는 것'이었다. 그러므로 한 페이지를 표시하기 위해 대량의 파일을 읽어 들이는 데는 불리했다. 이에 따라 **여러 요청**에 대해 **여러 응답**이 비동기적으로 이루어지도록 개선한 것이 HTTP/2다.

HTTP/2에서는 보안 대응(SSL/TLS 통신)이 필수이므로 'https://'부터 시작하는 URL로 표시한다. 웹 브라우저 주소창의 URL을 살펴보면, 구글이나 페이스북 등의 URL은 https로 시작한다. 하지만 특별한 입력 필드를 가지지 않는 애플이나 아마존 등도 사실은 마찬가지다. 프로토콜을 https(HTTP/2)로 한 데는 입력 필드의 보안성 보장보다는 표시 고속화에 무게를 두는 편이다.

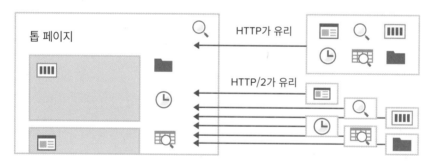

HTTP/2 예시
많은 이미지를 한 세트로 구성해(스프라이트 이미지) 1회 송수신으로 받는 데는 HTTP가 유리하다. 반면 다수의 이미지 상태로 처리하는 것은 여러 요청과 여러 응답이 가능한 HTTP/2가 유리하다.

파일 미리 읽기

'리소스 힌츠 API^{Resource Hints API}'는 어떤 페이지에 들어갔을 때 필요한 파일을 미리 얻고, 사전에 다음 화면을 렌더링(그리기)하여 조작 고속화를 도모하는 기술이다. 이를 통해 페이지 이동이 마치 한순간에 이루어지는 것처럼 보이게 만들어 체감 퍼포먼스를 향상할 수 있다.

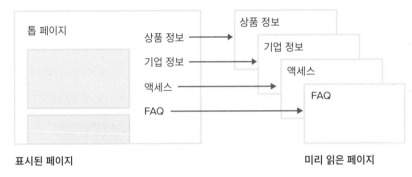

리소스 힌츠 API는 브라우저에서 콘텐츠와 DNS의 미리 읽기를 제공한다. 다음에 필요한 리소스를 브라우저에 알려 주어 미리 준비하면 고속화를 도모할 수 있다.

AMP

AMP는 가속된 모바일 페이지^{Accelerated Mobile Pages}의 약어이며, 일반적으로 '앰프'라고 읽는다. 구글과 트위터가 공동으로 책정한 모바일 페이지 고속화 프로젝트로서 모바일 사용자의 경험 향상을 목적으로 추진되었다. 2016년부터 구글 검색에서 대응하기 시작하여 널리 알려졌다.

AMP는 처리를 느리게 만드는 자바스크립트^{JavaScript}의 사용을 제한하여 이미지와 동영상 등이 바로 표시되게 한다. 또한 이를 캐시에 저장해서 다음 접속부터는 더욱 빠르게 콘텐츠를 표시할 수 있다. AMP에 대응하는 사이트는 기존 페이지보다 읽어 들이는 속도가 빨라진다. 또한 가로 스크롤 시 콘텐츠가 돌아가는 캐러셀^{carousel} 안에 AMP에 대응하는 기사 콘텐츠를 표시할 수 있다.

다만 AMP는 구현하기 쉽지 않고 이중으로 관리해야 한다는 난점이 있다. 게다가 AMP 페이지는 구글 CDN(콘텐츠 전송 네트워크)의 캐시에 저장되어 표시되므로 도메인도 구글 아래로 바뀐다. 또한 '통상적인 페이지'와 'AMP 페이지'가 별도의 사이트로 집계된다. 그래서 액세스 해석 등에서 집계 결과와 지표가 부정확해질 가능성이 있다.

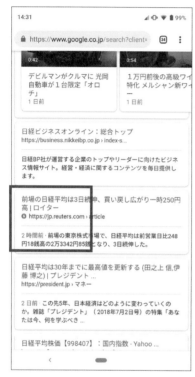

검색 결과

AMP 페이지

AMP 대응 페이지의 모습

검색 결과에서 AMP 페이지에 '번개 아이콘'이 표시된다. AMP 페이지는 URL에 보이는 대로 구글 도메인 아래에 숨겨진다. 도메인 표기 옆에 있는 '자물쇠 아이콘'으로부터 원래의 페이지를 찾아갈 수도 있다.

3-4 요점 정리

소프트웨어에는 레이어(계층)가 존재하며, 하위층의 OS부터 상위층의 텍스트 및 이미지까지 고유한 특성을 갖는다. 특히 앱과 웹사이트의 차이는 인터페이스 디자인에 큰 영향을 미친다. 인터페이스란 사용자와 디바이스의 접점이며, 디바이스에서 작동하는 것은 소프트웨어다. 디자인을 검토할 때는 소프트웨어에 어떤 장단점이 있는지, 무엇이 불가능한지 등을 파악해 두는 것이 좋다.

- 같은 서비스라도 앱과 웹사이트에 적합한 인터페이스 디자인이 서로 다르다.
- 앱에 가장 적합한 디자인은 OS마다 다르지만, 웹사이트에 적합한 디자인은 환경과 상관없이 동일해야 한다.
- JPG·GIF·PNG 등의 래스터 데이터 이미지는 해상도를 고려해야 한다.
- SVG 등의 벡터 데이터 이미지는 해상도와 관계없이 가장 적합하게 표시된다.
- 텍스트 데이터는 해상도와 관계없이 가장 적합하게 표시된다.
- 가능하면 빨리 표시되도록 퍼포먼스를 고려해야 한다.

소프트웨어의 요약

4장

인간의 인지 특성

이번 장에서는 인간의 타고난 인지 특성을
소개한다. 인간은 기계와 달리 예로부터
습득한 문화를 바탕으로 제한적인 두뇌의
에너지를 할애해 인지와 조작을 수행했다.
그러므로 같은 내용이라도 표현 방식에
따라 의미를 금방 이해해서 조작하기
쉬운 것과 그렇지 않은 것으로 나뉜다.
인간의 인지에 유효한 것을 이해하는
과정은 디자인의 근본 자세를 결정한다.

4-1 색·모양·움직임에 관한 인지 특성

사용하기 쉬운 인터페이스를 디자인하려면 인간의 타고난 능력을 활용하는 것이 중요하다. 색, 모양, 움직임에 대해 인간이 어떤 인지 특성을 보이는지를 살펴보자.

색: 인간이 가진 순간적인 식별력

인간은 색상 차이를 순식간에 식별하는 능력을 타고났다. 0부터 9까지 무작위로 배열한 25개의 숫자 중에 특정 숫자를 찾아보자. 여기서는 '6'을 찾는 것으로 하자.

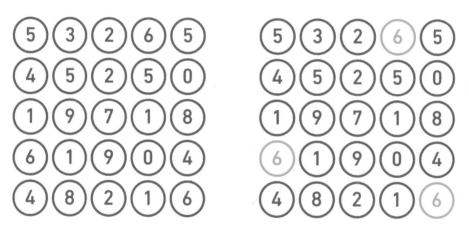

0~9까지 무작위로 25개 배열한 경우   특정 숫자에 색을 칠한 경우

평범하게 찾는다면 숫자를 하나씩 살펴봐야 하지만, 찾는 숫자가 색칠되었다면 순식간에 전부 찾아낼 수 있다. 즉 인간은 색을 빠르게 구별하는 능력을 타고났다. 일반적으로 어떤 숫자를 찾는 데 걸리는 시간은 배열된 숫자의 개수에 비례한다. 숫자를 25개 배열한 것과 100개 배열한 것에는 4배 정도의 시간 차이가 난다. 이처럼 1개씩 차례로 좇아서 대응하는 것을 **순차적인** 처리라고 한다.

여기서 주목해야 할 특징은 색으로 식별한다면 요소 개수가 늘어도 찾는 데

드는 시간이 같아진다는 점이다. 즉 25개 중에서 '6'을 찾는 것과 100개 중에서 '6'을 찾는 것에 걸리는 시간이 거의 같으며 한순간에 위치를 파악할 수 있다. 이처럼 색에 관한 식별력은 순간적인 처리로 이루어진다.

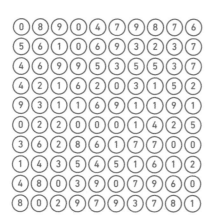

0~9까지 무작위로 100개 배열한 경우

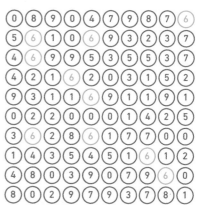

특정 숫자에 색을 칠한 경우

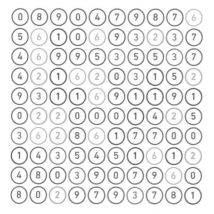

특정 숫자에 여러 색을 칠한 경우

그러나 다양성에 초점을 맞추면 효과는 떨어진다. 색상 개수가 증가하면 색의 효과는 줄어든다. 왼쪽 그림은 '6'뿐만 아니라 '1', '2', '3'에도 고유색을 칠한 사례다('1'은 빨간색, '2'는 초록색, '3'은 보라색). '6(파란색)'을 찾으려 해도 더 많은 시간이 걸린다는 것을 알 수 있다. 색상 개수가 늘어날수록 특정 색상을 찾아내는 데 걸리는 시간이 증가한다. 우리가 본능적으로 색상 개수가 늘어난 어수선한 상태를 좋지 않게 여기는 이유가 바로 여기에 있다.

디자인의 색을 늘리는 것은 간단하지만, 색을 줄이는 것은 쉽지 않다. 따라서 처음에 많은 색으로 디자인하면 나중에 수습하기 어려워질 수 있다. 구글·애플·마이크로소프트 등은 디자인 가이드라인*을 통해 색상 개수를 무턱대고 늘리지

---

* 디자인 가이드라인에 관해서는 '7-2: 디자인 가이드라인'을 참조할 것.

말 것을 권한다. 즉 많은 회사가 색상 개수를 늘리면 색의 효과가 감소하며 나중에 줄이기도 어렵다는 사실을 인지하고 있다.

색에 관한 인지 능력은 선천적인 것으로, 후천적인 노력으로 얻을 수는 없다. 인류는 오랜 옛날 아프리카에서 진화하는 과정에서 이러한 능력을 익힌 것으로 추정된다. 녹색으로 가득한 곳에서 잘 익은 과일만을 골라서 수확하거나 초원에 숨어 있는 맹수를 재빨리 인지하는 것처럼, 색 차이를 빠르게 식별하는 사람일수록 더 오래 살아남았을 것이다. 그리고 살아남은 인류가 몇 대에 걸쳐 자손을 낳으면서 선천적인 능력으로 거듭났을 것이라 여겨진다.

녹색으로 가득한 가운데 빨갛게 익은 과일
색에 관한 놀라운 인지 능력은 인류의 기나긴 진화 과정에서 습득한 선천적 능력으로 보인다. 잘 익은 과일을 재빨리 발견하는 사람은 다른 사람보다 살아남기 유리했을 것이다.

색 변화를 통한 현재 위치 표시
헤더의 '문서(docs)', '가이드(guides)'에 초록색 막대, 로컬 내비게이션의 '개요(overview)'에 파란색 문자를 사용했다. 이처럼 현재 위치를 색으로 표현해서 계층 구조를 재빨리 파악할 수 있다.
https://developer.android.com/training/basics/firstapp/

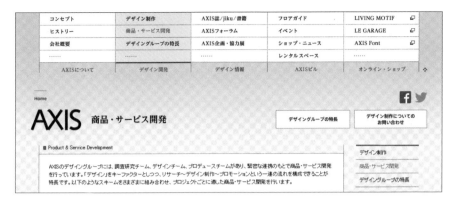

같은 색을 사용한 카테고리 구분 예시

AXIS 웹사이트에서는 같은 카테고리에 같은 색을 사용해서 다른 카테고리와 구분한다.

https://www.axisinc.co.jp

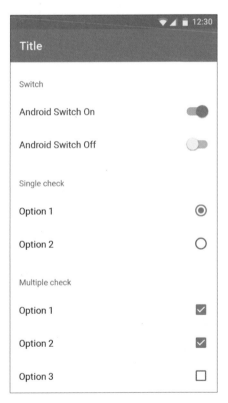

머티리얼 디자인

구글의 디자인 가이드라인인 머티리얼 디자인
Material Design에서는 색을 효과적으로 활용하기
위해 '무채색+소수의 핵심 색깔'을 유지한 비주얼
디자인을 채택했다.

인간의 인지 특성

색에 관한 선천적 능력은 인터페이스 디자인 전반에서 효과적이다. 앞의 예시처럼 순간적인 요소를 파악하고 카테고리를 구분하기 쉬울 뿐 아니라, 색을 반전해서 포커스를 명시하고, 특정 요소를 강조하는 등 여러 상황에서 활용할 수 있다. 색의 효과를 최대한으로 끌어내려면 색상 개수를 무작정 늘리지 말고 채색을 효과적으로 설계해야 한다.

모양: 다른 것을 발견하는 능력

인간은 색과 마찬가지로 모양에도 다른 것을 순간적으로 구별하는 능력을 갖추고 있다. 다만 형태가 충분히 다를 때만 유효하며, 비슷한 형상이라면 효과를 거의 기대할 수 없다. 아래는 이에 대한 구체적인 예시다.

```
R R R R R R R R R R
R R R R R R R R R R
R R R R P R R R R R
R R R R R R R R R R
R R R R R R R R R R
```
하나만 모양이 다르다
(비슷한 것)

```
R R R R R R R R R R
R R R R R R R R R R
R R R Z R R R R R R
R R R R R R R R R R
R R R R R R R R R R
```
하나만 모양이 다르다
(비슷하지 않은 것)

알파벳 'R'을 여러 개 배열한 예시에서 위쪽 예시는 가운데 글자 하나만 'P'로 바꾼 것이다. 이처럼 유사한 형상이라면 순간적으로 차이를 파악할 수 없다. 소위 말하는 '다른 것 찾기'와 마찬가지로 하나씩 차례로 훑어봐야 한다. 반면 아래쪽 예시에는 글자 하나가 'Z'로 바뀌었다. 위쪽 예시와 비교하면 짧은 시간에 찾아낼 수 있을 것이다(두 예시 모두 같은 곳에 P와 Z를 배치했다).

이처럼 형상의 차이에 관한 순간적인 인지 능력도 인간이 선천적으로 습득한 것으로 보인다. 수확한 과일과 곡물에서 유해할지도 모르는 이상한 형태를 잘 골라내는 사람일수록 더 오래 살아남았을 것이라 추측할 수 있다.

모양이 이상한 불량품 선별

색과 모양의 변화를 조합한 인터페이스 디자인으로 사용자가 차이를 확실히 구분하게 만들 수 있다. 선택·호버·포커스 같은 사용자의 액션에 대해 색과 모양을 바꾸는 피드백으로 지금 어디에 있고, 무엇을 할 수 있으며, 무엇을 했는가 등을 알려 주는 것이다. 이를 통해 사용자가 자신의 상황을 쉽게 이해하게 된다.

갤러리(안드로이드)

색과 형상의 변화
길게 눌러서 선택한 이미지는 크기가 작아지고 왼쪽 위에 체크 아이콘이 더해진다. 선택한 이미지를 바로 식별할 수 있게 배려한 것이다.

포커스를 맞출 때의 변화

구글 플레이 뮤직(안드로이드 TV)의 예. 포커스를 맞춘 대상은 색이 반전되고 형상이 변한다. 포커스가 어디로 이동했는지를 명확하게 인식할 수 있다.

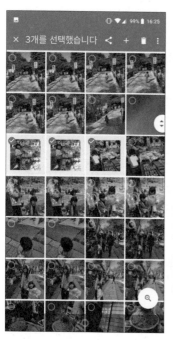

모양의 차이에 따른 효과

갤러리(안드로이드)의 사진 화면을 그레이스케일로 가공한 예. 색채 식별 감각이 약한 사용자라도 모양의 차이를 인식할 수 있다.

움직임: 변화를 발견하는 능력

움직임과 변화가 있으면 인간은 무의식중에도 거기에 주목한다. 인터페이스 디자인에서 움직임의 역할은 크게 3가지를 들 수 있다. 첫 번째는 **주목을 위한 움직임**, 두 번째는 **이해를 위한 움직임**, 세 번째는 **장식을 위한 움직임**이다. 이 3가지 움직임은 단독으로 기능할 뿐 아니라, 조합해서 사용할 수도 있다(시선을 끌며 이해를 촉진하는 것 등).

첫 번째 '주목을 위한 움직임'이란 빙글빙글 회전하는 이발소 회전 간판이나 문자가 좌우로 움직이는 전광판처럼 시선을 끄는 역할을 가진 움직임이다. HTML에서는 마키^{marque} 태그를 통해 문자를 좌우로 이동 표시하는 기능이 있다. 어떻게 보이는지를 떠나 주목을 모은다는 점은 지금도 유효하다. 하지만 이처럼 단순하게 시선을 끌며 움직임을 과다하게 사용하면 의식을 저해해서 번거롭게 느껴질 수 있다. 다음의 '이해를 위한 움직임'과 조합해서 사용하면 훌륭한 효과를 얻을 수 있다.

움직이는 것에는
무의식중에 눈길이 간다

'이해를 위한 움직임'은 사용자가 지금 화면 어디쯤 있고 무슨 일로 어떠한 일에 처했는지와 같이 현재 상태를 이해하는 데 도움을 준다. 인터페이스에서 움직임은 기본적으로 이해를 위한 움직임이 핵심이며, 이것이 있느냐 없느냐에 따라 이해도에 큰 차이가 생긴다.

다음 예시처럼 iOS(아이폰)의 설정 화면에서는 아래 단계 항목으로 이동할 때 아래 단계 화면(B)이 원래 화면(A) 위에 덧씌워지면서 오른쪽부터 슬라이드로 나타난다. 헤더의 새로운 타이틀도 화면 이동에 맞춰서 서서히 나타나고, 원래 있던 타이틀 텍스트는 청색으로 변하면서 왼쪽으로 이동한다.

매우 짧은 시간의 움직임이지만, 이렇게 'A→B'에 이르는 과정을 표현하면, 사용자는 어떠한 변화가 일어나서 어떠한 결과로 이어졌는지를 체감적으로 이해할 수 있다. 이 밖에도 작은 조작 반응에 움직임 표현을 추가하면 강한 피드백을 제공할 수 있다. 이를 통해 사용자의 시선을 모으면서 상태 변화를 확실히 인지하게 만들 수 있다.

마지막으로 '장식을 위한 움직임'이란 기믹gimmick(눈속임)처럼 주로 연출적인 효과를 내는 움직임이다. 오른쪽에 예로 든 '패럴랙스parallax'와 '시네마그래프cinema graph(사진 일부만 움직이는 듯 보이는 애니메이션 gif)' 등은 존재하지 않더라도 본질적으로 사용에 지장을 주지 않는다. 그러나 추가되면 조작의 즐거움을 선사할 수 있다.

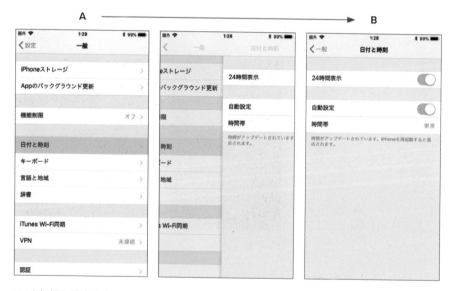

iOS(아이폰) 설정 화면

iOS 설정 화면에는 페이지를 이동할 때 짧은 애니메이션(움직임) 효과가 있다. 이러한 움직임으로 상태 변화를 체감적으로 이해할 수 있다.

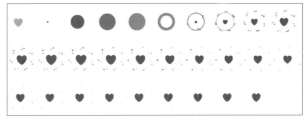

트위터의 '좋아요' 아이콘을 이용한 피드백

작은 조작에 움직임 표현을 추가했다. 이를 통해 강한 피드백을 제공해 사용자가 상태 변화를 인지하게끔 유도할 수 있다.

패럴랙스 연출

패럴랙스는 특정 이미지와 배경 이미지 사이에 스크롤 분량의 차이를 두어서 화면에 깊이감을 주는 연출 기법이다.

http://www.glasvasen.se/

애니메이션 gif 활용: 시네마그래프

사진처럼 보이지만 일부가 움직이는 이미지를 시네마그래프라고 한다. 예시 이미지는 신선한 토마토의 한 부분에 물방울이 떨어지는 모습을 연출했다.

https://www.gilt.com/

또한 움직임 없이 변화만 있어도 사용자의 시선을 모을 수 있다. 색 변화의 대표적인 예로는 문자를 점멸하는 블링크[blink]가 있다(현재 대부분의 브라우저에서 지원하지 않는다). 거리의 네온사인이나 깜빡이는 신호등처럼 좋고 나쁨을 떠나 색상 변화가 사람의 시선을 빼앗는 일은 일상에서 종종 존재한다.

색을 바꾸는 가장 효과적인 사용법 가운데 하나는 링크와 버튼에 마우스 포인터를 올려놓았을 때다(또는 포커스할 때). 마우스를 올려놓았을 때 색상에 약간의 변화를 주면(텍스트 링크라면 밑줄 표시 변화를 추가하면 더욱 좋다) 사용자의 시선을 모을 수 있다. 또한 사용자가 현재 위치와 그것이 선택 가능한 대상인지를 인지하게 만들 수 있다.

블링크: 깜박임을 연출

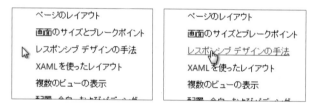

텍스트 링크에 마우스 오버

https://docs.microsoft.com/ja-jp/previous-versions/msdn10/t634411(v=msdn.10)

버튼에 마우스 오버

https://docs.microsoft.com/ja-jp/windows/apps/design/basics/

94

알아보기 │ 사람의 얼굴은 이목을 끈다

사람의 얼굴에는 시선을 모으는 효과가 있다. 웹 비주얼 디자인에서 종종 사용되던 기법으로, 무엇을 배치할지 망설여지면 그곳에 '사람의 얼굴 사진'을 두었다. 실제로 사람 얼굴이 들어 있는 광고는 그렇지 않은 광고보다 전환율이 2배 가까이 높다*는 보고가 있다. 사람 얼굴에 주목하게 되는 이유는 우리가 같은 인간이기 때문이라고 할 수 있다.

---

* 사람 얼굴이 들어 있는 광고의 전환율은 177% 높다.

【보험 광고에 관한 조사】
https://markezine.jp/article/
detail/20747

4-2 인터랙션 비용의 구체적 정의

인터랙션 비용interaction cost은 사용자가 받는 부담으로, 사용성usability(서비스의 사용 용이성)의 좋고 나쁨을 측정하는 지표다. 인터랙션 비용을 줄이면 좋은 디자인으로 이어지기 쉽다.

머리에 부담, 몸에 부담

사용자는 서비스를 사용할 때 손과 팔을 움직이는 동시에 여러 가지를 생각하면서 목적에 도달하려고 한다. 그때 사용자가 받는 부담 또는 소모되는 에너지가 적을수록 그 서비스를 '편리하다'고 말할 수 있을 것이다. 사용자가 실제 들이는 수고는 다음과 같다.

두뇌의 수고

• 읽는다
• 이해한다
• 기억한다

스트레스가 되는 사례

• 한눈에 파악하기 어렵다
• 생각할 필요가 있다

신체의 수고

• 클릭/탭한다
• 스크롤한다
• 스와이프한다

스트레스가 되는 사례

• 이동이 많고 멀다
• 같은 것을 몇 번이나 반복한다
• 손이나 손가락을 뻗고 고쳐 잡는다

사용자는 스크롤이나 스와이프를 하면서 화면 여기저기를 둘러본다. 또는 그럴듯한 링크를 찾아서 클릭하거나 탭하며 다음 페이지가 읽어지는 것을 기다린다. 그리고 이 과정을 여러 차례 반복한다. 여기에 드는 수고를 가능한 만큼 줄이면 편리하다고 볼 수 있으며, 이는 디자인의 목적 중 하나다. 사용자의 수고에는 인지적(정신적)인 것도 있고 육체적인 것도 있다. 이 2가지를 합산한 것을 인터랙션 비용*이라고 한다. 이는 서비스의 편리함, 즉 사용성의 지표가 된다.

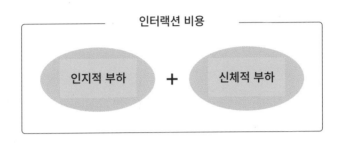

인지적 부하

인터랙션 비용에 속하는 인지적 부하란 사고(思考)하는 데 드는 에너지를 말한다. 즉 사용자가 생각하거나 판단하는 등 온갖 인지 활동을 수행할 때 발생하는 부하(노력이나 비용 등)를 뜻한다. 사용자가 검색 입력창이나 돋보기 아이콘을 찾거나 검색 결과에서 가장 알맞은 것을 골라내는 행동과 같이 서비스 안에서 원하는 것을 찾는 모든 행위가 부담을 동반한다고 볼 수 있다.

텍스트 데이터를 읽을 때도 문자 크기, 한 줄의 문자 개수, 제목과 본문의 구분, 단락 여백, 링크 등에 따라 사용자가 받는 인지적 부하는 변화한다. 부담이 적다는 것은 가독성이 좋다는 의미이며, 문자가 작거나 한 줄이 지나치게 길면 인지적 부하가 증가한다. 버튼 역시 알아보기 쉬운 것과 그렇지 않은 것이 주는 부담에는 차이가 있다.

---

* 인터랙션 비용의 정의에 관해서는 아래 기사에 잘 소개되어 있다. 요약하면 다음과 같다.
  "인터랙션 비용은 사용자가 목표에 도달하기까지 웹사이트와의 인터랙션에서 쓰는 정신적·물리적 노력의 합계다."
  https://www.nngroup.com/articles/interaction-cost-definition/

√ 심리학에서 새로운 정보를 배우는 데 필요한 정신적 노력을 '인지 부하cognitive load'라고 한다. 인터랙션 비용에서 인지적 부하에 해당한다.

√ 아래 예시 중 위쪽은 문자 크기가 작고 한 줄에 있는 문자 수도 많아서 읽는 데 드는 인지적 부하가 크다. 반면 아래쪽은 문자의 크기나 개수가 적당하여 인지적 부하가 작고 읽기 쉽다.

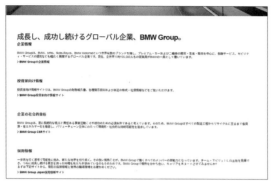

인지적 부하가 큰 텍스트

https://www.bmw.co.jp/ja/topics/brand-and-technology/bmw-group.html

인지적 부하가 작은 텍스트

https://blog.adobe.com/en/publish/2017/05/15/mobile-design-best-practices#gs.fqsudj

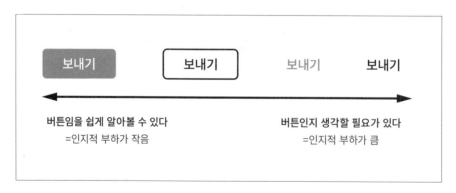

다양한 형태의 보내기 버튼

문자만으로 버튼이라고 인식하기 어렵다. 따라서 고민해야 하고 인지적 부하도 증가한다. 버튼임을 알아볼 수 있는 적절한 색과 모양을 갖추면 부담이 줄어든다.

서비스 중에는 최초 등록 시 사용자가 실행하는 단계의 수, 즉 클릭 횟수를 되도록 줄이려는 경우가 많다. 하지만 인터랙션 비용은 인지적 부하와도 관련 있어 단순히 클릭 횟수(신체적 비용)만 의미하지 않는다. 단계 수만 중시하면 오히려 복잡해지기도 한다. '목적지까지의 단계 수가 적을수록 좋다'보다 '목적지까지의 인지적·신체적 부하가 가장 줄어드는 단계 수가 좋다' 쪽이 인터랙션 비용에 입각한 사고방식이다.

개발자와 사용자 모두 가능한 한 즐겁고 간단하고 알기 쉬운 디자인을 원한다. 즉 '생각하는 데 드는 에너지를 최소화하고 싶다'는 관점에서 모두 같다. 아무런 생각 없이도 사용할 수 있는 인터페이스가 인지적 부하가 가장 적고 이상적이라고 말할 수 있다.

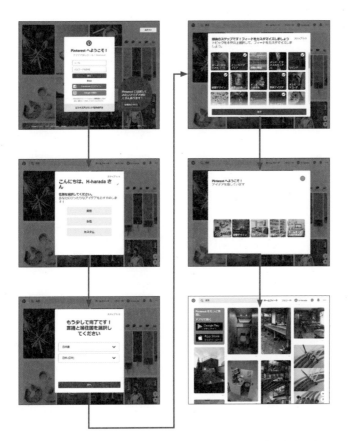

단계는 많지만 부담이 적은 흐름. 단계마다 성취감과 입력 내용의 타당성(옳고 그름)을 인식할 수 있다.
https://www.pinterest.jp/

단계는 적지만, 입력 항목이 많아 부담이
따르는 흐름(일반적인 등록 과정의 하나).

https://my.epson.jp/myepson/login/

신체적 부하

또 하나의 인터랙션 비용인 신체적 부하는 몸을 쓰는 데 드는 에너지를 말한
다. 즉 사용자가 물리적으로 몸을 움직일 때 발생하는 부하(노력이나 비용 등)다.
화면을 스크롤하고 클릭하고 탭하는 것도 모두 신체적 부하이자 인터랙션 비용
에 포함된다.

사용자의 신체적 부하를 고려하면, 가능한 한 과정이 적은 편이 좋다. 하지만
현실적으로 인지적 부하도 함께 따져야 하므로, 단순히 신체적 부하만 줄인다고
인터랙션 비용 총량이 줄어든다고 단정할 수는 없다.

신체적 부하의 특징은 디바이스에 따라 부담 정도가 상당히 달라진다는 것이
다. 검색을 위해 화면 오른쪽 위의 돋보기 아이콘을 선택하는 행동을 여러 디바
이스에서 비교해 보자. 컴퓨터에서는 마우스나 터치패드 같은 포인팅 디바이스
를 사용하므로 신체적 부하가 적다.

화면 오른쪽 위의 돋보기 아이콘을 선택한다면

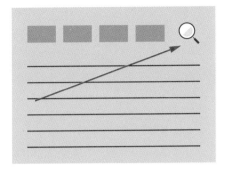

컴퓨터에서는 마우스를 사용해 포인터를 이동해
서 클릭(신체적 부하가 적음)

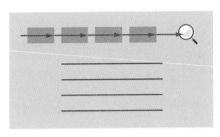

스마트폰에서는 손가락을 뻗
어서 탭(신체적 부하가 비교
적 적음)

TV에서는 방향키를 몇 번 누른 다음 결정 버튼
선택(신체적 부하가 상당히 큼)

문자를 입력한다면

컴퓨터에서는 키보드를 사용해서 입력(신체적
부하가 적음)

스마트폰에서는 플릭 등으로 입력(신체적 부하가 비교
적 적음)

TV에서는 방향키로 이동하면서 한 문자씩
선택 버튼 누름(신체적 부하가 상당히 큼)

이와 달리 스마트폰에서는 (특히 한 손으로 조작한다면) 손가락에 걸리는 부담이 컴퓨터보다 커질 것이다. TV라면 (방향키를 몇 번이나 눌러) 리모컨의 포커스를 이동해서 조작하므로 신체적 부하가 상당히 커진다. 문자를 입력할 때도 키보드를 사용할 수 있는 컴퓨터, 플릭으로 입력하는 스마트폰, 리모컨으로 포커스를 이동하는 TV에 따라 사용자의 신체적 부하가 크게 달라진다.

인터랙션 비용을 낮추는 방법

인터랙션 비용을 줄이려면 어떻게 해야 할까? 이상적인 상태는 한눈에 모든 의미를 파악할 수 있고 조작이 수고스럽지 않은 것이다. 하지만 화면 크기, 조작 방법, 사용 상태 등은 디바이스에 따라 모두 달라진다. 스마트폰에 최적화해서 인터랙션 비용을 최소화한 디자인을 그대로 컴퓨터나 다른 디바이스에 적용할 수 없다. 스마트폰에서는 인터랙션 비용이 최소였더라도 다른 디바이스에서는 그렇지 않기 때문이다. 디바이스마다 최적화가 필요한 이유다.

그래도 나는 인터랙션 비용을 줄이는 디자인을 위해 어떤 서비스와 디바이스에 적용할 수 있으며 인간의 인지 특성에 근거한 3가지 보편적 기법이 있다고 생각한다. 바로 '일관성', '심플함', '공통 개념'이다. 이어지는 내용에서 이 3가지 인지 특성을 하나씩 살펴보자.

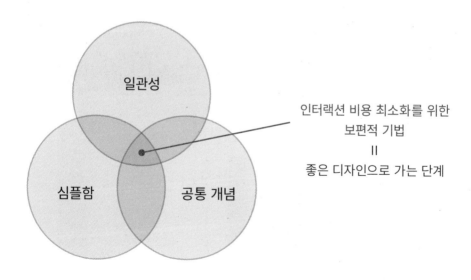

인터랙션 비용 최소화를 위한
보편적 기법
||
좋은 디자인으로 가는 단계

4-3 서비스의 규칙을 만드는 일관성

　일관성이란 어떤 규칙을 기준으로 서비스 안의 모든 디자인 요소가 그 기준을 따르는 것을 말한다. 즉 개별 서비스 고유의 세계관이나 물리 법칙과 같다. A라는 서비스에서 확립된 일관성이 B라는 서비스의 일관성과는 전혀 다르더라도, A의 세계에서는 규칙이 항상 유지된다고 할 수 있다.

안드로이드에서 볼 수 있는 일관성

iOS에서 볼 수 있는 일관성

일관성의 첫 번째 장점은 디자인의 의미와 조작을 사용자가 **예측할 수 있다는** 것이다. 일단 서비스의 일관성을 이해하면 다른 페이지나 새로운 기능을 만나더라도 새로운 의미를 학습하는 비용(인지적 부하)이나 조작 비용(신체적 부하)이 줄어든다. 즉 일관성이 확립된 디자인에서는 인터랙션 비용이 줄어들 수 있다.

일관성의 두 번째 장점은 **기능의 추가와 개선이 간단해진다**는 것이다. 이미 존재하는 규칙을 따라가면 새로운 요소를 개발하는 것만으로도 충분하다. 또한 기존 요소와 라이브러리를 사용해서 프로그램을 작성하면 되고, 복사·붙여 넣기로 부분적인 코드를 복제할 수 있으므로 새로운 버그가 발생할 가능성이 줄어든다. 이처럼 개발이 끝나서 충분히 검증된 프로그램을 다시 이용하는 것은 좋은 방법이라 할 수 있다.

세 번째 장점은 **신뢰성이 생긴다**는 것이다. 같은 규칙에 묶인 세계에서는 질서 있는 일관성이 안정감을 낳는다. 앞서 예로 든 안드로이드, iOS와 마찬가지로 같은 규칙성을 유지한 디자인일수록 안심하고 조작할 수 있다. 예컨대 iOS에서 애플이 직접 만든 앱인 '설정', '캘린더', '사진' 등은 모두 디자인 일관성을 유지하고 있다. 일관성에 따른 조작 신뢰성은 다른 회사에서 만든 앱을 능가한다.

일관성을 동반한 멀티 디바이스 서비스 전개
애플의 디자인은 디바이스가 달라도 근본적으로 디자인 일관성을 유지한다.

멀티 디바이스로 서비스를 전개할 때 디자인 일관성을 보장하면, 한 디바이스에서 다른 디바이스로 옮겼을 때 필요한 학습 비용을 줄이고 인지적 부하 또한 낮출 수 있다. 그래서 여러 디바이스에서 지침을 작성할 때 개별 디바이스뿐 아니라 전반적으로 일관적인 규칙을 작성하는 편이 좋다.

기준을 만드는 것은 비교적 간단하지만, 그것을 계속 운용하기는 쉽지 않다. 일관성을 유지하는 최선의 방법은 서비스 비주얼과 기능의 개발 과정을 서비스를 운용하는 내내 문서로 작성하는 것이다. 디자인 가이드라인*이 여기에 해당한다.

안드로이드의 디자인 가이드라인: 머티리얼 디자인

https://material.io/

일관성의 예외, 유연성

일관성과 유연성은 한쪽을 강화하면 다른 쪽이 약해지는 관계다. 일관성은 규칙, 유연성은 자유도와 같은 의미라고 생각하면 된다. 일관성 100%로 구성된 서비스는 규칙으로 인해 딱딱하게 굳어진 상태다. 요소와 부품이 미리 정해져 있어서 구조든 요소든 새로운 것이 들어갈 틈이 없다. 그 대신 엄밀하게 통제되고 있다. 위키피디아 등이 이에 해당한다.

반면 유연성 100%로 구성된 서비스는 무법지대다. 어떤 구조로 만들어도 되고 무엇을 표시해도 상관없다. 규칙이 없으므로 자유도가 최대한이며, 무엇을 해도 좋은 대신 개별 페이지 사이에 정합성이 없다. 인터넷 초창기의 웹사이트가 여기에 해당한다.

---

* 디자인 가이드라인에 관해서는 '7-2: 디자인 가이드라인'을 참조할 것.

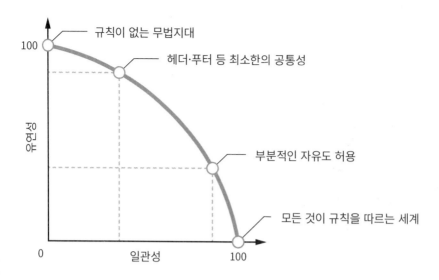

일관성과 유연성의 관계

일관성과 유연성은 어느 한쪽을 강화하면 다른 쪽은 약해지는 관계다. 어느 정도 규칙을 유지하더라도 자유도를 크게 해치지 않으며 반대도 마찬가지다.

현재 많은 웹사이트와 앱은 중간 위치에 있다. 어느 정도의 일관성과 유연성을 지닌다. 일관성이 100%인 상태에서 약간만 느슨해져도 그 이상으로 큰 자유도가 생긴다. 마찬가지로 자유도가 100%인 상태에서 약간만 일관성을 가져도 큰 통일감이 생긴다(예를 들어 로고, 푸터, 헤더 중 하나만 같게 만든다). 단지 페이지를 모아 놓기만 해도 하나의 서비스가 되는 것이다.

서비스를 설계할 때는 일관성과 유연성을 얼마큼 두는지가 중요하다. 요구받은 역할과 의미를 생각한 다음, 그 서비스의 방향을 정한다. 일관성, 즉 규칙은 되도록 처음에 정하는 것이 좋다. 규칙이 클수록 이는 더욱 중요하다. 규칙에 따라 만든 것을 고치는 것보다 무질서하게 만든 것을 규칙에 끼워 맞추는 것이 훨씬 어렵기 때문이다.

일관성을 생각할 때 중요한 점은 예외를 절대로 허용하지 않는 것이 아니라, **예외가 생기기 어려운 규칙을 만드는 것이다.** 따라서 규칙을 만들 때는 겉으로 보이는 것 이상의 위기에도 임기응변할 수 있는 정합성이 필요하다.

또한 규칙을 없애야 하거나 규칙을 일부러 배제하는 편이 더 효과적인 상황도 종종 발생할 것이다. 예외를 둔다면 규칙의 근본적 영역은 가능한 한 그대로 두고, 지엽적인 일부분만 고쳐 위화감이 들지 않도록 주의해야 한다. 다시 말해 규칙 준수 이상의 효과, 의미, 편리성을 만들어 내도록 신경 써야 한다.

강한 일관성을 가지는 서비스: 위키피디아

위키피디아의 서비스는 항목이나 언어와 관계없이 모두 같은 규칙으로 구축되어 있다. 일반적으로 CMS 등의 시스템에 따라 구축된 웹사이트는 강한 일관성을 띠기 쉽다.

https://ja.wikipedia.org/

4-4 사용자의 이해를 높이는 심플함

심플함은 명쾌 또는 간결한 상태를 의미한다. 의도가 명쾌해 이해하기 쉬운 상태라고도 할 수 있다. 심플^{simple}을 우리말로 풀어내면 의미가 달라져 버린다. 심플함은 단순함과는 엄연히 다르다.

심플한 서비스의 대표라 할 수 있는 구글
https://www.google.com/

심플한 웹사이트의 예시(신쇼지)
https://szmg.jp/

심플함이 지지받는 이유 중 하나는 인간이 인지할 수 있는 리소스(두뇌의 자원)에 한계가 있기 때문이다. 화면에 많은 요소가 있을 때, 그 속에서 무언가의 우선순위를 높이면 다른 무언가는 우선순위가 떨어질 수밖에 없다. 즉 모든 것을 두드러지게 만들 수 없다. 인지 총량에는 한계가 있고, 그 와중에 리소스의 경쟁이 일어난다. 요소를 줄여서 심플하게 만드는 것은 인간이 인지할 수 있는 리소스를 효과적으로 활용하는 것과 직결된다.

흔히 '심플하게 하다'라는 말을 하지만, 이는 말처럼 쉬운 일이 아니다. 무엇이 중요하고 무엇이 그렇지 않은지를 명확하게 구분한 다음, 불필요한 요소를 삭제하고 남은 것을 정돈해서 좁혀 가야 한다. 겉보기보다 훨씬 많은 배려와 궁리가 필요하다.

본래 의도를 고려하지 않고 단순히 요소를 줄이면 오히려 인지적 부하가 늘어난다. 이는 심플함이라고 할 수는 없다. 심플하게 하는 것은 '단순하게 하는 것'이 아니라 '명쾌하게 하는 것'이다. 다시 말해 무엇이 일어나고 있는지를 바로 이해하고 다음에 할 것을 자신 있게 결정할 수 있는 상태로 만드는 것이다.

다음 예시는 얼핏 심플해 보이지만 실제로는 그렇지 않다. 화장실에 가려는 사람이 이 안내도를 본다면 어느 쪽으로 가야 할지 바로 알 수 있을까? 이 안내도는 복잡한 해석을 유발하여 명쾌함이 부족한 사례라고 할 수 있다(참고로 화장실은 왼쪽으로 가야 한다).

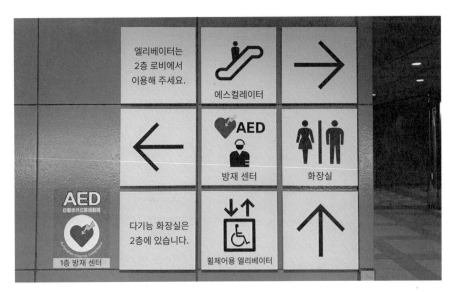

화장실은 어느 쪽일까?

사람은 누구나 본능적으로 심플한 것을 선호한다. 그런데 왜 심플한 디자인을 목표로 하면서도 명쾌함이 부족하거나 반대로 복잡해지는 일이 일어날까? 이에 관해 고려해 볼 만한 몇 가지 이유가 있다. 먼저 늘리고 싶은 이유는 다양해도 줄여야 하는 이유는 눈에 잘 띄지 않을 수 있다. 또는 기능만으로 평가할 수 없거나 애초에 평가가 불가할 수도 있다. 이렇듯 여러 이유를 들 수 있지만 가장 큰 이유는 매우 단순하다. 심플한 것은 본래 무척 어렵다.

일반적으로 심플함은 요소를 최대한 줄이는 것으로 인식된다. 그러나 줄이는 과정에서 서비스의 의도와 목적을 충분히 이해하고 디자인을 최소한으로 개선해 가는 기량이 필요하다.

미니멀리즘 디자인을 기능으로 강제하면 오히려 인터페이스는 심플함에서 멀어지고 만다. 의미 있는 정보를 삭감하면 혼란이 초래되고, 결국 결함 있는 디자인이 되어 버린다. 심플함이란 이해와 목적의 명쾌함이며, 요소를 줄이는 것은 위험을 동반하는 어려운 행위다.

막스 빌의 시계

요소를 끝까지 줄인다고 과연 명쾌해질까? 스위스의 디자이너 막스 빌Max Bill의 시계는 분명히 바우하우스의 명작이지만, 타센 Taschen 출판사의 《20세기 디자인》은 '지나치게 무기질인 디자인은 실용품으로 받아들여질 수 없었다'고 비판했다.

복잡함이 필요할 때

어떤 제품이나 서비스에 익숙하지 않은 사용자는 조작 시스템이 심플한 편이 사용하기 쉬울 것이다. 반대로 숙련된 사용자에게는 복잡한 조작 시스템 쪽이 오히려 사용하기 쉽다.

애플 TV의 리모컨
사진: 애플

TV에 부속된 리모컨
사진: (왼쪽) 호리(HORI) / (오른쪽) 소니

TV 리모컨을 예로 들어 보자. 버튼이 적어서 단순한 리모컨이라면 어떤 조작을 할 때 번거로운 일이 일어날 수밖에 없다. 반면 버튼이 많은 복잡한 리모컨은 그 조작을 한 번의 액션으로 처리할 수 있다. 다만 그 대가로 많은 양의 버튼과 기능을 머릿속에 넣어 두어야 한다. 즉 그 서비스에 숙련된 사람이라면 복잡한 조작 시스템을 통해 인지적 부하와 신체적 부하가 적은 상태로 목적을 달성할 수 있다.

두뇌와 신체의 부담이 적다는 것은 인터랙션 비용이 줄어든다는 것을 의미한다. 사용자의 숙련 정도에 따라 심플함과 복잡함의 평가는 역전되고 적당한 복잡함이 유용해지기도 한다. 눈에 띄는 사례가 비행기의 조종석이다. 복잡한 비행기 조종 시스템은 조종사에게 높은 전문성을 요구하지만, 이에 따르는 조작의 신뢰성과 즉시성은 매우 높다.

같은 조작을 반복해야 하는 업무, 즉시성을 요구하는 업무, 일반인이 관계할 일이 없는 전문성이 높은 업무 등에서는 이처럼 복잡한 인터페이스를 사용한다.

비행기의 조종석

음악 편집용 믹서

4-5 인지적 부하를 줄이는 공통 개념

우리 주변에는 누구나 알고 있는 표식이나 규칙을 사용해서 무엇이 가능하고 어떻게 움직이는지를 나타낸 것이 많다. 예를 들어 엘리베이터에서 상하 화살표 표시로 상승과 하강을, 좌우 화살표 표시로 문의 열림과 닫힘을 알 수 있다. 공통 개념은 누구나 알고 있는 표준 규칙이다. 모두 아는 사실을 활용해서 새 규칙을 배우는 수고를 피할 수 있다.

인터페이스 디자인 역시 이제까지 알고 있는 공통 개념을 이용해서 화면의 대부분을 구성한다. 예를 들어 '파란색 문자는 링크', '오른쪽으로 향하는 화살표나 삼각형은 링크', '아래로 향하는 화살표는 풀다운 메뉴 또는 아코디언 메뉴', '돋보기는 검색', '별은 평점', '로고는 첫 화면으로 가는 링크' 등이 있다.

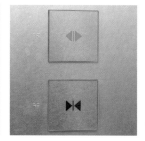

엘리베이터 스위치(상승·하강과 문 열림·닫힘)
우리 주변에서는 일반적으로 받아들여지는 공통 개념을 많이 사용한다. 엘리베이터는 화살표 방향으로 '상하층 이동'과 '문의 개폐'라는 서로 다른 기능을 표현한다.

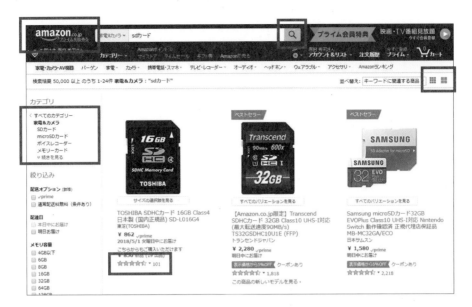

아마존(컴퓨터: 웹)의 공통 개념 예시

웹사이트 로고는 첫 화면 링크, 돋보기 아이콘은 검색, 별 아이콘은 평가를 가리키듯, 웹사이트와 앱에서는 익숙한 공통 개념을 활용해 새로운 학습 비용을 줄인다.

솔리드 익스플로러(안드로이드)　　인스타그램(안드로이드)

스마트폰의 아이콘 표기

화면 영역에 한계가 있는 스마트폰에서는 설명이 없는 아이콘을 많이 사용한다. 아이콘은 그 자체로 사용자에게 의미를 전달해야 한다.

이런 공통 개념을 활용해서 인터페이스의 새로운 학습 비용, 즉 인지적 부하를 줄일 수 있다. 공통 개념은 이해와 해석에 들이는 뇌의 부담을 줄이고 사용자가 서비스 본래의 목적에 집중할 수 있게 만든다.

새로운 디자인이라도 대부분은 이런 공통 개념을 따라서 만들어졌다. 본 적 없는 새로운 인터페이스를 조작하려면 그 인터페이스의 규칙을 새로 학습하는 데 인지적 부하가 발생한다. 완전히 새로운 인터페이스는 개발자와 사용자 모두에게 비효율적이다.

유니버설 디자인

공통 개념이 효과적인 건 분명하지만, 어떻게 해야 누구나 같다고 인식하는 디자인이 될까? 아이콘이나 기호라도 국가나 지역에 따라 의미가 통하지 않거나 때에 따라서는 반대를 뜻하기도 한다. 한국과 일본에서는 '○'를 '좋음·정답', '×'를 '나쁨·오답'과 같은 의미로 사용하지만, 서구권에서는 '√(체크)'를 '정답', '○'를 '오답'이라는 의미로 사용한다('○'는 이외에도 '오프라인·공백'처럼 부정적인 상황을 나타내는 사례가 많다).

어느 나라든 어떤 사람이든 같은 의미로 인식되는 디자인을 '유니버설 디자인'이라고 한다. 오른쪽에 예시로 든 '머티리얼 아이콘Material Icon'처럼 구글이나 애플 등 전 세계를 대상으로 사업을 펼치는 소프트웨어 기업에서는 유니버설 디자인에 기반한 디자인을 전개한다. 하지만 같은 의미의 아이콘이라도 명칭이나 형상이 기업이 가진 문화에 따라 달라질 수 있으니 주의할 필요가 있다.

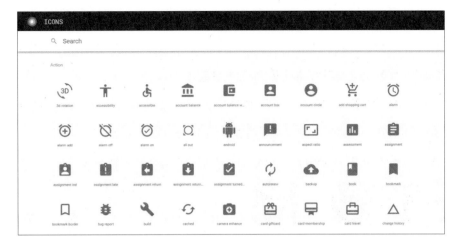

머티리얼 아이콘

구글은 유니버설 디자인을 바탕으로 머티리얼 디자인에 기반한 오픈 소스 형식의 머티리얼 아이콘을 900종 이상 공개했다.

https://fonts.google.com/icons?selected=Material+Icons

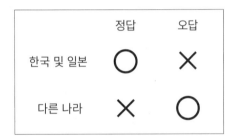

○와 ×의 의미 차이

안드로이드와 iOS에서 아이콘 형상의 차이

공통 개념을 따르지 않는 위험성

공통 개념이 인지적 부하를 줄여 주는 것과는 반대로, 공통 개념을 거역하는 잘못된 사용법은 인지적 부하를 크게 늘릴 위험이 있다. 일반적인 텍스트 링크를 예로 들어 보자. 세상에는 다양한 형태의 텍스트 링크가 존재하지만, '파란색 문자+밑줄'이 텍스트 링크를 나타내는 표시로 오랫동안 쓰여 왔다. 지금은 여러 회사에서 '파란색 문자+호버 시에만 밑줄', '밑줄만', '파란색 외의 유채색만' 등 다양한 표현을 사용한다. 모두 장단점을 가지고 있고 특별히 뛰어난 것은 없다.

하지만 분명하게 나쁜 것은 있다. 얼핏 링크처럼 보이지만, 링크가 아니라 단순히 텍스트인 것이 이에 해당한다. 밑줄이 있는 텍스트에는 링크한다는 공통 개

115

념이 이미 확립되어 있다. 따라서 링크 기능이 없는 밑줄 친 텍스트는 보기에 좋고 나쁨과는 상관없이 사용자를 혼란스럽게 한다. 사용자는 틀림없이 클릭(또는 탭)한 후에 그것이 링크가 아님을 알고 실망할 것이다. 괜한 수고를 들이게 하고 불필요하게 인지적 부하를 가하는 '공통 개념을 따르지 않는 디자인'은 인터랙션 비용을 큰 폭으로 늘리므로 피해야 한다.

저장 아이콘
저장을 의미하는 아이콘은 현재 아무도 사용하지 않는 플로피 디스크 모양이다(심지어 모르는 사람도 많다). 이것은 이미 확립된 공통 개념이므로 호불호와 상관없이 저장을 의미한다. 이를 다른 의미로 사용하는 것은 불가능하다.

알아보기 │ 직감적이란?

디자인 수정 시 자주 요구받는 것 가운데 하나가 '직감적으로 해 달라'는 주문이다. 직감인 것은 무엇을 의미하는 걸까? 한눈에 조작에 대해 알 수 있고, 학습 비용이 제로인 일목요연한 상태가 흔히 떠올리는 '직감적'인 모습일 것이다. 그렇다면 직감적이 되는 데 필요한 것은 무엇일까?

심플한 것과 직감적인 것은 서로 다른 개념이다. 불필요한 해석을 만들지 않는 명쾌한 디자인이라도, 그것이 곧 무슨 조작인지 이해할 수 있음을 의미하지는 않는다. 또한 일관성이 있는 것과 직감적인 것도 의미가 다르다. 그 디자인이나 규칙 체계를 접한 적이 없다면 일관성이 강해도 직감이 작동하지 않기 때문이다.

직감은 사용자의 경험에 의존한다. 살면서 학습한 경험과 어떤 문화에서 자랐느냐에 따라서 사용자가 익힌 직감은 달라진다. 직감적이란 **사용자의 예측과 그 결과가 완전하게 일치하는 것**이다. 즉 생각한 대로 작동하는 상태다. 사용자가 익히는 경험과 공통 개념을 바탕으로 (심플함과 일관성도 함께 가지면서) 인터랙션 비용을 극한까지 낮춘 상태가 직감적인 디자인이라고 볼 수 있다.

4-6 요점 정리

인간은 색과 형태와 변화에 대한 반응을 타고난다. 무의식중에 일어나는 본능에 뿌리를 둔 특성이라고도 할 수 있다. 인간이 한 번에 인지할 수 있는 리소스에는 한계가 있어서, 어떤 것이 두드러지면 다른 것에 대한 인지는 약해진다. 심플함이 효과적인 이유 중 하나다. 사고에 드는 에너지를 최대한 사용하지 않고 최소한의 수고로 큰 성과를 거두려면, 인간이 가진 특성을 잘 활용해서 심플하고 일관되고 문화적인 면까지 고려한 디자인이 필요하다.

- 색·형태·움직임에 대한 인지는 인간의 타고난 능력이다.
- 인터랙션 비용을 최소화하는 디자인이 좋은 디자인이다.
- 일관성, 심플함, 공통 개념은 인터랙션 비용을 줄인다.
- 사용자는 일관성 있는 디자인을 통해 조작을 예측할 수 있다.
- 예외를 포함할 수 있는 여유, 즉 유연성을 디자인에 포함하면 좋다.
- 심플함이란 단순하다는 의미가 아니라, 명쾌하거나 간단하고 분명한 것이다.
- 심플한 디자인은 유용하지만 실현하기 쉽지 않다.
- 복잡함은 특정 상황에서 특정 사용자에게만 유용하다.
- 공통 개념을 활용하자. 이를 따르지 않는 디자인은 인지적 부하를 늘린다.

5장

계층과 구조

이번 장부터는 앱과 웹사이트의 구체적인
설계 기법을 소개한다. 인터페이스
디자인에서 가장 고려해야 할 것은 앱과
웹사이트의 개별 페이지가 링크를 통해
서로 연결되어 있다는 점이다.
이것이야말로 앱과 웹사이트의 가장
차별화된 특징이며, 인터페이스
디자인에서 유념해야 할 지점이기도 하다.

5-1 가로·세로·전후의 입체적 구조

웹사이트와 앱은 페이지의 집합체이며, 페이지와 페이지는 서로 링크로 결합되어 있다. 종이의 집합체인 책과 비교하자면 링크가 있다는 점에서 다르다고 할 수 있다.

링크를 통해 한 페이지에 방문했다가 다른 페이지로 넘어갈 수 있다. 따라서 웹사이트와 앱 디자인(설계)에는 '링크를 어떻게 연결할까?'가 중요하다. 이는 '어떤 (링크의) 내비게이션으로 만들까?'와 같은 의미다. 링크로 이동할 수 있다는 이유로 이해도나 편리성 면에서 웹사이트와 앱만의 문제가 발생할 수 있다.

평면 구조와 입체 구조

모든 디바이스의 전반적인 성질로서, 사용자는 화면을 차례로 보면서 서비스 내부를 가상으로 이동할 수 있다. 화면은 **가로**와 **세로**로 이루어진 평면이지만, 웹사이트와 앱에서는 이동에 따른 **전후** 관계가 더해진다. 따라서 3차원적인 구조라는 의미에서 '입체적'이라고 할 수 있다.

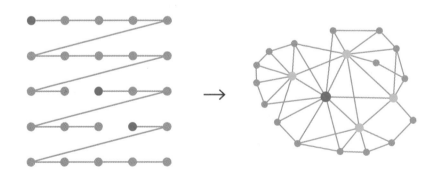

링크로 서로 연결된 정보망
인터넷에서 전개되는 WWWWorld Wide Web는 글자 그대로 정보망Web을 뜻한다. 그전의 미디어처럼 직선적 구조가 아닌, 서로 연결된 복잡한 구조를 갖는다.

건축이나 제품 디자인 분야에서는 몇 가지 평면도를 바탕으로, '가로·세로·높이'의 3차원으로 구성된 입체적인 구조물을 만든다. 웹사이트나 앱에서도 페이지를 개별적으로 디자인하지 않고, 전체적인 전후 관계(전환을 동반하는 관계성)를 내비게이션 디자인과 전체 레이아웃을 통해 반영한다.

이동은 어디에서 와서 지금 어디에 있으며 다음에 어디로 갈 수 있는지를 이해한 후에 취하는 행동이다. 각 페이지가 유기적으로 연결되고 서로의 관계성을 표현하지 않는다면, 개별 페이지가 완성되었다 해도 전체로서는 미완성이다.

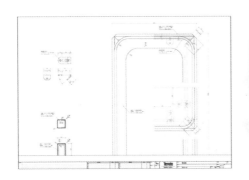

평면과 입체
건축이나 제품 디자인에서는 2차원 평면도에서 3차원 입체 구조물을 만들어 낸다.

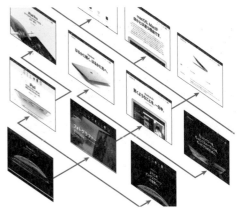

가로·세로·전후의 입체적 구조
전후 관계를 고려하면 웹사이트와 앱도 입체적 구조로 이루어져 있다. 페이지의 전후 관계를 무시하고 서비스를 디자인할 수는 없다.

https://www.apple.com/jp/

전후 관계 표현: 비주얼(겉모습)

페이지의 관계성이나 전환에 따른 전후 관계를 어떻게 표현할까? 아래의 예시는 애플 공식 웹사이트(apple.com)의 메인 화면에서 하나씩 계층을 내려가서 맥북 프로MacBook Pro 제품 정보의 기술 사양 페이지까지 이동하는 과정이다.

헤더의 내비게이션에서 대항목, 즉 'Mac'을 선택하면 문자의 색이 변해서 그 카테고리로 이동했음을 보여 준다. 또한 대항목 아래에는 두 번째 단의 내비게이션이 표시된다. 그중에서 상품을 선택하면 그 상품명은 타이틀로 변하고 그에 맞춰서 제품 사양Tech Specs으로 갈 수 있는 링크도 표시된다.

이 예시에서는 어느 페이지에서 왔다는 정보는 나오지 않는다. 하지만 지금 있는 위치를 명확하게 알려 주고, 이동에 따른 내비게이션 변화를 단계적으로 보여 준다. 각 페이지의 관계성과 전후 관계를 간접적으로 보여 주는 셈이다. 이 정도로도 서비스 내부를 이동하고 있음을 충분히 체감할 수 있다.

애플 웹사이트의 전환 표현

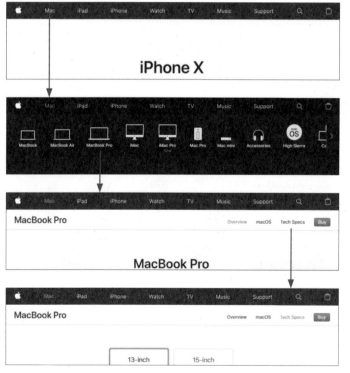

애플 메인 화면
헤더에 있는 내비게이션(글로벌 내비게이션)에서 Mac을 선택한다.

맥 메인 화면
두 번째 단의 내비게이션(로컬 내비게이션)이 표시된다.

맥북 프로 메인 화면
두 번째 단의 내비게이션에서 선택한 항목(MacBook Pro)은 타이틀로 변한다.

맥북 프로 제품 사양
타이틀과 함께 표시된 'Tech Specs' 링크에서 이동할 수 있다.

다음의 예시처럼 전후 관계를 표현할 수도 있다. 예시와 같이 케임브리지 대학교 웹사이트에서는 이동할 때 현재 위치와 그 하층에 직전 위치를 표시한다. 하층을 클릭하면 좀 전까지 있던 곳이 한 칸 위에 남으며, 클릭한 하층이 현재 위치로 변한다. 이런 표시를 반복해서 이동에 따른 관계성을 알기 쉽게 표현한다. iOS 설정 화면에서는 페이지를 이동할 때마다 원래 있던 페이지의 타이틀이 뒤로 가기 버튼의 이름으로 표시된다.

전환에 따른 관계성 표현

케임브리지 대학교 웹사이트의 로컬 내비게이션에서는 하층으로 이동할 때마다 이전 위치를 위에 남겨 둬서 위치 관계를 표시한다.

https://www.cam.ac.uk/

iOS(아이폰) 설정 화면

iOS 설정 화면에서는 하층으로 이동할 때마다 직전 항목이 뒤로 가기 버튼의 이름으로 표시된다.

전후 관계 표현: 인터랙션(움직임)

인터랙션을 추가하면 전후 관계 표현은 더 알기 쉬워진다. 앞서 예로 든 iOS의 설정 화면에서는 하나 아래 단계의 페이지로 이동할 때 하층 페이지가 위로 올라오는 것처럼 슬라이드하며 등장한다. 타이틀 부분의 텍스트는 왼쪽으로 슬라이드되어서 뒤로 가기 버튼의 이름으로 변한다. 순식간에 벌어지므로 신경 써서 보지 않으면 알아차리기 어렵지만, 이런 인터랙션은 상태 변화를 논리가 아닌 체감으로 이해할 수 있게 한다.

한편 iOS의 일기 예보 앱에서는 다른 지역으로 전환할 때 지금까지 보던 지역의 정보 영역 전체가 세로로 축소되면서 다른 지역을 포함한 목록 형태로 변화한다.

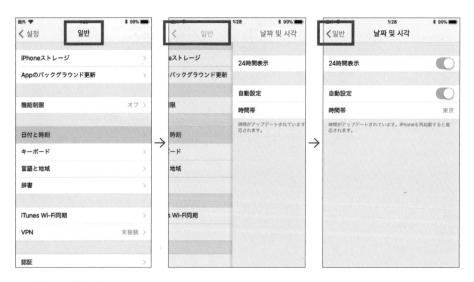

슬라이드로 계층 표현

iOS(아이폰) 설정 화면의 인터랙션. 새로운 화면이 오른쪽에서 슬라이드되어 위로 겹쳐지면 직전 타이틀이 새로운 화면의 뒤로 가기 버튼 이름이 된다.

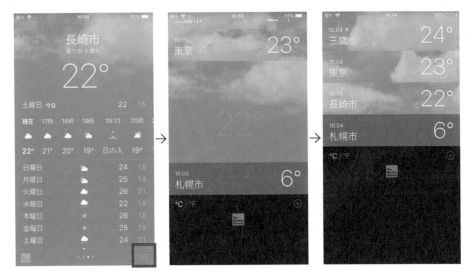

날씨(iOS: 아이폰)의 인터랙션

지역 목록으로 이동할 때는 화면 전체가 세로로 축소되고, 다른 지역을 포함한 목록 형태로 변한다.

TV에서 조작하는 플레이스테이션4의 설정 화면에서는 계층 간 상하 이동을 확대하는 연출로 표현한다. 바로 밑의 계층 아래로 숨어 들어가는 듯한 형태 변화를 체감할 수 있다. iOS의 캘린더 앱에서도 확대와 축소 인터랙션을 사용한다. 타이틀 부분의 텍스트가 뒤로 가기 버튼의 이름으로 변하는 처리도 효과적이다.

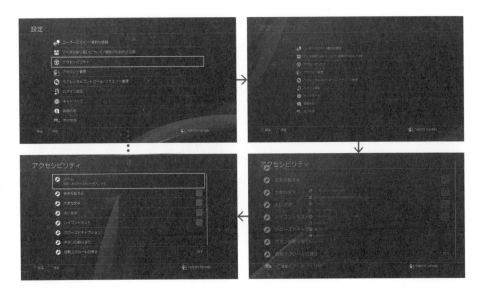

계층 확대 표현

플레이스테이션4 설정 화면의 인터랙션. 하층으로 이동하면 직전 화면이 안으로 들어가고 새로운 화면이 앞으로 나온다.

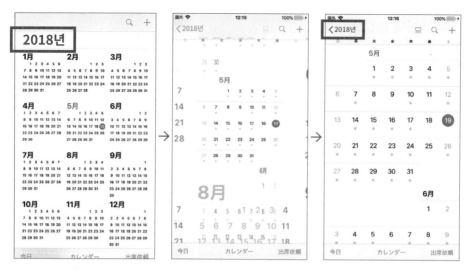

캘린더(iOS: 아이폰)의 인터랙션

연도(월 목록) 표시에서 월을 선택하면 그달을 확대해서 표시한다. 월 페이지에서는 연도 표기가 뒤로 가기 버튼의 이름으로 변한다.

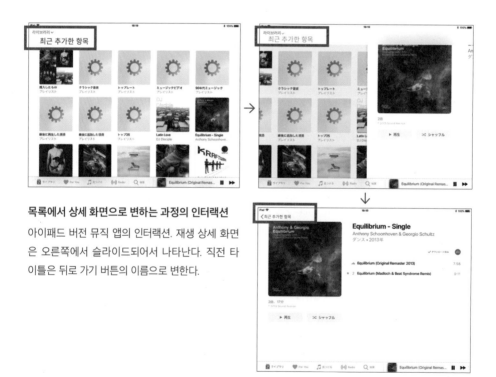

목록에서 상세 화면으로 변하는 과정의 인터랙션

아이패드 버전 뮤직 앱의 인터랙션. 재생 상세 화면은 오른쪽에서 슬라이드되어서 나타난다. 직전 타이틀은 뒤로 가기 버튼의 이름으로 변한다.

인터랙션이 유효한 이유

실제로 경험하면 인터랙션으로 상태 변화를 표현하는 것이 감각적으로 매우 이해하기 쉽다는 점을 알 수 있다. 현실에서는 순간적으로 이동하거나 등장하는 일이 있을 수 없다. 즉 인간은 어떤 상태에서 다른 상태로 변화할 때 단계적인 변화를 자연스럽게 느낀다.

따라서 이것은 연출로서의 인터랙션이 아니라 **이해를 돕기 위한 인터랙션***이다. 이처럼 인터랙션은 기계에는 부하가 걸리고 수고스러운 불필요한 처리에 불과하지만, 인간에게는 상태 변화를 이해하는 데 매우 효과적인 인터페이스다.

---

* 이해를 돕기 위한 인터랙션에 관해서는 '6-2: 인터랙션의 목적과 활용'을 참조할 것.

5-2 계층의 깊이와 넓이

계층에는 깊이와 넓이가 있다. 깊이란 계층 심도를 의미하며, 넓이란 같은 계층에서의 분류 개수(카테고리 개수)를 가리킨다. 만약 서비스에서 대량의 상세 페이지를 전부 모아 둔다면, 계층을 깊게 설계할수록 같은 계층의 카테고리 개수는 적어진다(넓이로 따지면 좁아지는 것). 반대로 계층을 얕게 만들수록 카테고리 개수는 많아진다(넓이로 따지면 넓어지는 것). 즉 계층의 깊이와 넓이는 반비례한다.

얕고 넓은 것의 우위성

그렇다면 깊이와 넓이 중에 어느 쪽이 유리할까? 대체로 얕고 넓은 편이 사용자가 찾거나 사용하기에 쉽다. 같은 계층 안을 넓게 둘러보는 것보다 계층을 위아래로 이동하는 편이 훨씬 수고롭기 때문이다. 후자는 찾으려는 대상을 발견할 때까지 하층으로 내려가서 확인하고, 상층으로 돌아와서 다음 계층으로 내려가는 작업을 반복해야 한다.

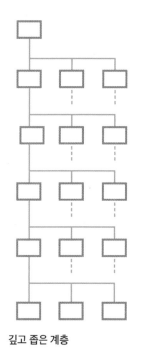

깊고 좁은 계층

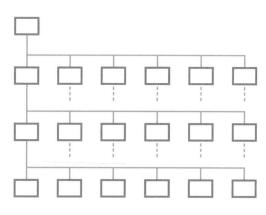

넓고 얕은 계층

서비스에서 다루는 정보량이 같을 때 계층을 깊게 만들면 같은 층의 카테고리가 적어지며(좁아지며), 계층을 얕게 만들면 반대로 많아진다(넓어진다).

다르게 표현하자면 주로 인지적 부하를 동반하는 전자의 인터랙션 비용*보다 신체적 부하를 동반하는 후자의 인터랙션 비용이 훨씬 크다고 할 수 있다.

얇고 넓은 쪽이 사용하기 쉬운 또 다른 이유는, 깊이와 넓이가 계층 명칭인 라벨링을 이해할 수 있느냐에 영향을 주기 때문이다.

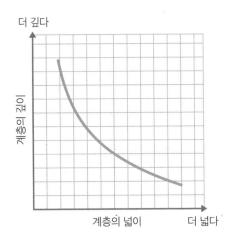

계층의 깊이와 넓이의 관계

계층의 깊이와 넓이는 반비례한다. 계층을 깊게 만들면 좁아지고, 얇게 만들면 넓어진다.

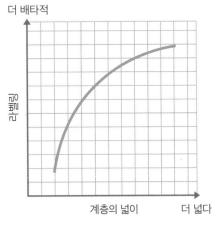

계층의 넓이와 라벨링의 관계

계층이 넓을수록 라벨링은 배타적·구체적으로 명명하기 쉬워진다. 반대로 계층이 좁을수록 라벨링은 포함적·추상적으로 되기 쉽다.

넓고 얇은 계층 구조를 가진 카카쿠닷컴

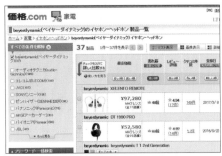

세 계층으로 상품 목록을 표시

카카쿠닷컴 웹사이트는 넓고 얇은 계층 구조를 가진 대표 사례다. 여러 종류의 상품을 다루지만, 세 계층을 거치면 상품 목록까지 확실하게 도달할 수 있다. 그 대신에 메인 화면을 포함해서 같은 계층에 표시되는 카테고리 개수가 매우 많다.

http://kakaku.com/

---

* 인터랙션 비용에 관해서는 '4-2: 인터랙션 비용의 구체적 정의'를 참조할 것.

라벨링: 구체적이고 배타적으로

라벨링이란 페이지에 이름, 즉 라벨을 붙이는 것이다. 라벨링으로 그 페이지와 하층에 무엇이 있는지를 명시할 수 있다.

라벨링의 핵심은 **배타적*으로** 이름을 붙인다는 것이다. 찾으려는 대상이 여기저기에 해당될 것 같으면 사용자는 당황하기 마련이므로(인지적 부하가 상승) 분명하게 확신을 가질 수 있는 명칭이 필요하다. 계층이 깊고 좁다면, 상위층으로 갈수록 더 많은 개념을 포함하는 라벨이 된다. 그러면 추상적이거나 '&', '•', '/'과 같은 기호로 여러 단어를 나열하는 이름이 되고 만다.

배타적이지 않고 추상적인 라벨링
스타벅스 일본 웹사이트의 예. 프라푸치노 신제품에 관한 정보는 'coffee'와 'cafe' 중 어디에 있을까? 이처럼 둘의 차이를 이해하기 어려우면 배타적이라고 볼 수 없다(참고로 정답은 cafe다. 사이트 내 검색이 없으므로 열심히 카테고리를 따라갈 수밖에 없다). 또한 'service & login'에서 'service'의 의미가 추상적이다. 항목 개수를 적게, 즉 4개로 집약해서 겉보기에는 좋지만, 라벨링을 이해하기 쉽지 않다.
http://www.starbucks.co.jp/

---

* 배타적이란 어떤 것에는 해당하지만 다른 것에는 해당하지 않는 상태를 의미한다. 예를 들어 '유선과 무선', '평일과 주말·공휴일', '양수, 음수, 0'과 같은 관계를 일컫는다.

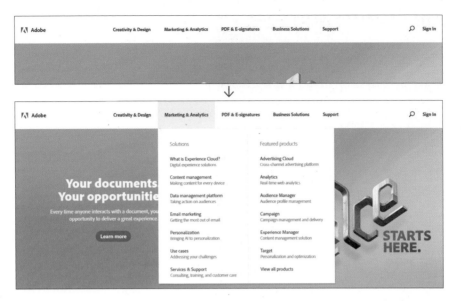

추상적인 라벨링을 보완한 사례

어도비 웹사이트의 예. 'Photo, Video & Design', 'Marketing & Analytics', 'PDF & E-signatures'처럼 구체적으로 보기 힘든 단어와 '&' 연결이 많다(다루는 범위가 지나치게 넓은 대기업에서 흔히 있을 법하다). 이를 보완하고자 카테고리를 클릭하면 하층의 개요와 특징을 표시한다.

https://www.adobe.com/

반대로 계층이 넓으면 라벨을 구체적이고 배타적으로 결정하기 쉽다. 또 카테고리 개수가 적으면 보기 좋게 정리하기 쉽다. 반면 이해하기 어렵다는 구조적인 문제가 발생하기 쉬우니 주의해야 한다.

탭 인터페이스

아이폰에서의 트립Trip 앱 화면. 스마트폰 앱, 특히 iOS에서는 화면 아랫부분에 탭 인터페이스를 흔히 사용한다. 최대 5가지 기능밖에 설치할 수 없으므로 마지막 하나에는 남은 기능 전부를 모아 두는 사례도 많다.

스마트폰 앱에서 자주 사용하는 것 가운데 하나가 화면 아랫부분에 설치하는
탭 인터페이스다. 이 인터페이스는 화면 폭의 제약으로 고작해야 4~5가지 기능
밖에 다루지 못한다. 주요 기능을 할당한 후에 남은 탭 하나에 '기타' 또는 '3개의
점으로 된 아이콘' 등으로 표시한다. 즉 남은 기능 전부를 거기에 모아 두는 방식
을 자주 볼 수 있다.

이러한 방식은 내용물을 표현할 수 없는 추상적인 라벨링이라고 말할 수 있
다. 이 문제를 근본적으로 해결할 수는 없지만, 햄버거 메뉴* 등으로 화면 좌우에
서 슬라이드 표시해서 카테고리 개수를 늘리는 대안이 있다.

---

* 햄버거 메뉴에 관해서는 200쪽의 '알아보기: 햄버거 메뉴'를 참조할 것.

5-3 탐색 경로와 차별화 표현

탐색 경로와 현재 위치 표기

서비스 안에서 사용자가 현재 위치를 이해하는 가장 효과적인 방법은 여전히 '탐색 경로breadcrumb'*일 것이다. 탐색 경로는 사용자에게 계층을 보여 주며 지금 페이지가 어디에 있는지 정확하게 이해할 수 있게 도와준다.

그러나 화면이 크고 디자인 자유도가 높은 컴퓨터의 웹사이트라면 몰라도, 스마트폰이나 TV 등에서는 탐색 경로를 항상 표시할 수 없다. 게다가 탐색 경로는 텍스트로 계층을 표현하므로, 문자를 읽어서 계층을 이해해야 하는 인지적 부하를 가하게 된다.

현재 위치를 시각적·직감적으로 이해하게 해 주는 것이 '현재 위치current 표기'다. 문자나 배경에 색을 넣는 차별화 표현을 통해 현재 위치나 이동한 카테고리 등을 한눈에 구별하도록 돕는 기능이다. 이를 통해 자신의 위치를 대강 파악할 수 있다.

탐색 경로

문자를 구분하여 첫 화면부터 현재 위치까지의 계층을 텍스트만으로 표현한다.

https://tabroom.jp/chair/bench/itm0007463/

현재 위치 표기

현재 위치 표기는 같은 단계의 다른 항목과 차별화해야 성립한다.

https://developer.android.com/studio/intro/migrate

---

* 탐색 경로에 관해서는 '6-5: 탐색 경로의 역할과 기능'을 참조할 것.

한눈에 알 수 있는 차별화 방법

하지만 현재 위치에 관한 표현 차별화 방법에는 한계가 있다. 크게 5가지 방법, 즉 '굵기', '색', '크기', '배경', '표식(장식)'이 있다.

굵기

문자의 굵기로 현재 위치를 표현한다. 굵은 글씨(bold)가 현재 위치이고 가는 글씨(regular)가 그 밖의 위치를 의미한다.

일본 아마존

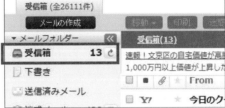

야후 메일

색

문자의 색으로 현재 위치를 표현한다. 명도(색의 진함) 차이로 표현할 수도 있지만, 무채색(흑백 계열)과 유채색(컬러)으로 구분하면 더욱 알아보기 쉽다.

인스타그램(iOS: 아이폰)

Google Earth
앱 스토어(iOS: 아이폰)

크기

문자와 대상의 크기로 현재 위치를 표현한다. 형상이 커지는 방식이므로 포커스를 사용하는 TV 인터페이스에 잘 어울린다.

츠타야 무비(안드로이드 TV)

토르네Torne(플레이스테이션4)

배경

문자 배경색을 넣어서 현재 위치를 표현한다.

지메일(mail.google.com)　　　　　　유넥스트(안드로이드 TV)

표식(장식)

막대나 아이콘 등 표식이나 장식을 덧붙여서 현재 위치를 표현한다.

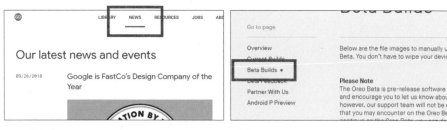

구글 디자인(design.google)　　　　　　에센셜

　　이 5가지 방법은 모두 대비, 즉 차이를 이용한다. 가는 글자 사이에 있는 굵은 글자, 검은 글자 사이에 있는 유채색 글자처럼 대비 효과로 그곳이 특별한 곳(즉 현재 위치)임을 표현한다. '문자 굵기'나 '문자 색깔'과 같이 한 가지 요소로도 차별화는 성립한다. 하지만 '문자색과 배경색' 또는 '굵은 글자와 표식'처럼 여러 방법을 조합하면 대비 효과가 더욱 커진다.

대비 = 굵기 + 문자색 + 크기 + 배경색 + 표식
(웨이트)　　(컬러)　　(사이즈) (백그라운드) (포인트)

차별화 방법을 여러 가지 조합한 사례(컴퓨터)

지메일 왼쪽 메뉴의 '받은 편지함', 위의 탭 가운데 '소셜'이 현재 위치다. 색, 배경색(왼쪽 메뉴), 표식(위의 탭)의 차별화를 조합했다.

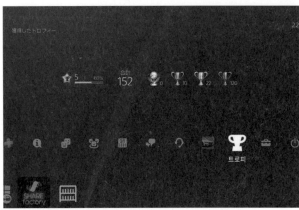

차별화 방법을 여러 가지 조합한 사례(TV)

플레이스테이션4의 설정 화면. 트로피 부분이 현재 위치(포커스)다. 크기, 색(흰색), 표식(트로피)을 조합했다.

현재 위치와 호버·포커스

앞서 살펴본 현재 위치 표현과 마찬가지로, 표현의 차별화를 이용하는 것으로 '호버·포커스'*가 있다. 현재 위치와 호버·포커스는 다른 요소와의 차별화 표현이 필요한 인터페이스다. 하지만 차별화 방법에는 한계가 있으므로, 종종 표현을 두고 다투는 일이 생긴다. 예를 들어 현재 위치를 굵은 글자로 표현하면, 마우스 오버 표현에 굵은 글자를 사용하는 것이 바람직하지 않다. 이 경우 마우스 오버에는 색의 변화 등 다른 기법으로 차별화하는 것이 바람직할 것이다.

현실적으로는 여러 기법을 조합해서 현재 위치와 호버·포커스가 같아지지 않도록 배려하게 된다(예를 들어 현재 위치는 '색+표식', 호버·포커스는 '색+배경색'의 변화로 표현하는 것처럼).

---

* 호버·포커스에 관해서는 '2-2: 입력 수단에 따른 인터페이스 변화'를 참조할 것.

**현재 위치와 호버의 차별화:
문자색·표식·배경색**

현재 위치는 적색 글자와 밑줄,
호버는 배경색 변화로 표현된다.
소셜이 현재 위치가 되면 청색
글자와 밑줄로 드러난다.

https://mail.google.com/

**현재 위치와 호버의 차별화:
유채색과 무채색**

현재 위치는 유채색(청색) 밑줄,
호버는 무채색(회색) 밑줄로 구
분한다. NEWS가 현재 위치가
되면 밑줄은 적색이 된다.

https://design.google/library/

'현재 위치=포커스'의 사례

안드로이드 TV의 구글 플레이
앱. 왼쪽 카테고리에 있는 포커
스를 위아래로 이동하면, 오른쪽
에 표시되는 페이지도 동시에 변
한다. 기존의 '포커스+확정으로
이동'은 '포커스 이동(1회)→확정
(2회)→다음 페이지 표시'이지만,
'포커스=현재 위치'에서는 '포커
스 이동(1회)→다음 페이지 표시'
가 되므로 이동하는 수고가 줄어
든다.

5

계층과 구조

137

조작할 때 포커스를 사용하는 TV에서는 현재 위치와 포커스를 하나로 모아서 포커스 이동만으로 페이지를 옮기는 방법도 자주 사용한다(포커스 이동 시 화면 전환이 일어나므로, 항상 '포커스=현재 위치'가 된다). 이 방법은 차별화 다툼을 회피할 뿐만 아니라, 결과적으로 조작의 수고를 줄여 주므로 인터랙션 비용 감소로 이어진다.

페이지 안에서 현재 위치 표시

긴 읽을거리를 담은 서비스 등에서는 콘텐츠 안에서 현재 위치를 시각적으로 표현하는 배려가 사용자에게 도움이 된다. 예를 들어 UX MILK나 어도비 공식 블로그에서는 현재 화면 속 위치나 문장 위치를 시각적으로 알 수 있게 묘안을 냈다.

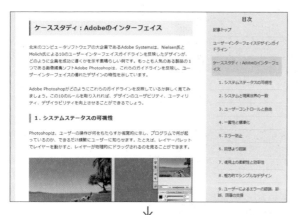

페이지 안에서 위치 표현

UI·UX 관련 읽을거리를 소개하는 UX MILK에는 매우 긴 칼럼도 적지 않다. 페이지 오른쪽을 이용해서 전체의 소제목과 현재 위치를 배경색의 차이로 구분한다.

https://uxmilk.jp/64510

스마트폰에서 표시할 때

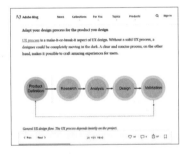

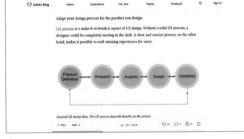

태블릿에서 표시할 때　　　　　**컴퓨터에서 표시할 때**

페이지 안에서 위치 표현

어도비 공식 블로그에서는 화면 아래에 미터기가 움직이듯 빨간색 막대가 전체에서 어디쯤까지 읽었는지를 표현한다(동영상의 진행률 표시줄과 본질적으로 같음). 인터페이스가 살짝 달라지지만, 컴퓨터·스마트폰·태블릿에서도 같은 기능을 가진다.

https://blog.adobe.com/

5-4 메인 화면·리스트·상세

처음에 작게 시작한 서비스라도 규모가 커지면 필연적으로 전체 구성이 변하게 된다. 메인 화면만으로 전부 담을 수 있었던 콘텐츠도 각각 상세 페이지로 나눈다. 그 페이지의 타이틀을 모아서 새로운 페이지를 만들면서 서비스는 서서히 계층 구조를 가지게 된다.

가장 전형적인 '메인 화면·리스트·상세' 3단 구성

어느 정도 규모로 성장한 서비스 대부분은 '메인 화면', '리스트 페이지', '상세 페이지'라고 하는 3층 구조를 띠게 된다(이하 '메인', '리스트', '상세'로 표기). 이러한 3층 구성은 디바이스 종류와 관계없이 온갖 서비스에서 흔히 볼 수 있다.

일본 아마존(amazon.co.jp) 메인 화면 · 상품 리스트

상품 상세

신제품·특집 등

메인, 리스트, 상세

서비스 대부분은 메인, 리스트, 상세의 3층 구조로 이루어져 있다. 메인이 필요 없는 때도 있다. 그럴 때는 리스트와 상세만으로 서비스를 구성한다.

넷플릿스(iOS: 아이패드) 메인 화면과 작품 리스트 　작품 상세 페이지

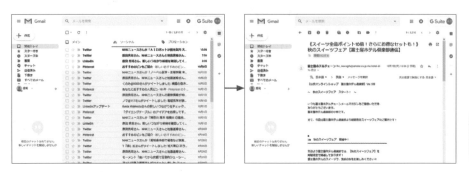

지메일 메인 화면과 메일 리스트 　메일 상세 페이지

상세란 상품, 기사, 이미지, 영상 등 서비스를 방문한 사용자가 찾으려는 정보다. 리스트란 다수의 상세 정보를 제목이나 개요에 따라 한곳에 모은 것이다. 메인은 서비스의 표지에 해당한다. 넷플릭스처럼 서비스에 따라 메인이 리스트의 기능을 겸할 때도 많다.

검색도 다수의 상세 정보를 묶어서 표시하는 페이지라는 점에서 본질은 리스트 페이지와 같다. 다음 예시처럼 iOS의 이베이 앱이나 요도바시닷컴(www.yodobashi.com)에서는 카테고리에서 진행한 페이지와 검색 결과 페이지가 같은 구조를 띤다.

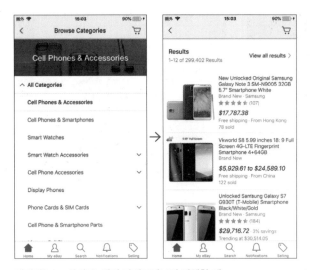

이베이(iOS: 아이폰) 앱의 카테고리부터 진행할 때　　　　　　　　　　**같은 앱에서 검색부터 진행할 때**

카테고리부터 진행한 상품 리스트 페이지와 검색 결과는 본질적으로 같다.

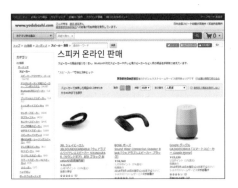

요도바시닷컴에서 카테고리(스피커)를 선택할 때　　　**같은 웹사이트의 검색 결과(검색 키워드: 스피커)**

요도바시닷컴은 상품 리스트 페이지와 검색 결과 페이지의 차이가 거의 없다.

즉 어느 정도 규모의 서비스를 방문한 사용자는 목표로 한 상세 페이지에 도달하기 위해 대부분 리스트를 거쳐야 한다. 이것은 피해 갈 수 없는 구조적 사실이다. 그러므로 리스트 페이지 인터페이스의 좋고 나쁨이 사용자가 목적지에 도달하는지에 큰 영향을 미치게 된다.

그렇지만 실제로 리스트 페이지에서 사용할 수 있는 아이디어는 그리 많지 않다. 기본적인 기법은 세 종류밖에 없다. 바로 '필터', '정렬', '전환'이다.

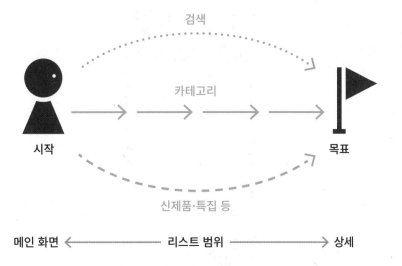

검색

카테고리

시작

목표

신제품·특집 등

메인 화면 ←——————— 리스트 범위 ———————→ 상세

메인 화면에서 상세 페이지로 가는 경로
사용자는 어떤 목적으로 서비스를 방문하는데, 그 목적은 대부분 상세 페이지에 있다. 상세 페이지에 도달하려면 검색을 포함한 리스트 페이지를 거치게 된다.

리스트 조작은 필터, 정렬, 전환

필터^{filter}는 가격이나 종류 등을 기준으로 어느 범위에 속하는 대상만 추려 내어 표시하는 기능이다. 표시하는 건수를 줄여서 목표를 발견하기 쉽게 만드는 방법이자, 리스트 조작 가운데 가장 중요한 기능이다.

특히 수천에서 수만이나 되는 방대한 건수를 표시한다면, 어떤 제약을 가해서 범위를 좁히지 않으면 일이 진척되지 않는다. 그런 관점에서 카테고리라는 개념도 넓게는 필터 요소의 하나라 할 수 있다(실제로 이베이에서는 앱과 웹사이트 모두에 필터 요소의 하나로 category가 존재한다).

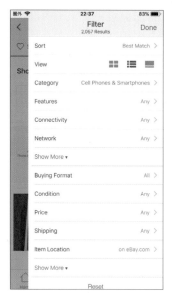

웹사이트에 실린 대상이 방대하다면, 어떤 디바이스든 범위를 좁히는 것이 효과적이다. 이베이에서는 오른쪽 슬라이드, 유튜브에서는 오버레이, 컴퓨터 버전 일본 아마존에서는 왼쪽 영역에 범위를 좁히는 기능이 설치되어 있다. 필터 구현 방법은 다양하다.

이베이(iOS: 아이폰)

유튜브(안드로이드)

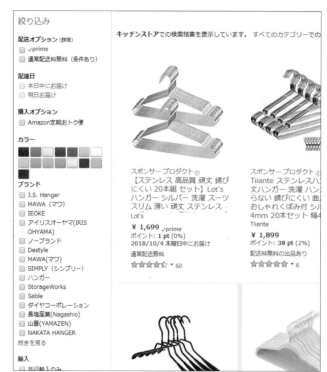

일본 아마존(컴퓨터)

정렬^{sort}은 인기순, 가격순, 이름순처럼 어떤 속성을 기준으로 전체를 다시 배열하는 기능이다. '지금 어떤 순서로 배열할지'를 가능한 한 표시할 뿐만 아니라, 배열이 바뀌었다면 적용한 새로운 기준도 속성값으로 표시하는 편이 좋다. 예를 들어 크기순으로 배열했다면 그전까지 표시되지 않았더라도 일부러 크기를 함께 표시하는 식이다.

야후 옥션(iOS: 아이폰)

츠타야 무비(안드로이드 TV)

츠타야 무비에서는 배열을 바꾸면 그때 사용한 속성값이 표시된다. 인기순으로 변경하면 작품 제작연도가 사라지는 대신 순위가 표시된다.

전환^{switch}은 표시 방식을 변경하는 기능이다. 한 번에 표시되는 건수를 바꾸거나 아래 예시의 '목록 표시'와 '블록 표시'처럼 보여 주는 방식을 바꿀 때 사용한다. 대상의 총개수나 배열 순서는 변하지 않는다.

목록 표시

블록 표시

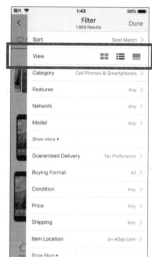
전환 기능

다양한 전환 예시

이베이(iOS: 아이폰) 앱에서는 리스트 표시 방식을 '블록 형식', '목록 형식', '큰 화면 형식' 등의 3가지로 전환할 수 있다.

 필터, 정렬, 전환이 리스트 조작의 기본이다. 이 3가지를 엄밀하게 구분할 필요는 없다. 또 3가지를 필터로서 같은 영역에 모아도 지장은 없다. 기능으로서 이 3가지가 존재한다는 것이 중요하다(예를 들어 위의 이베이 앱에서는 filter라는 명칭의 오른쪽 슬라이드에 sort(정렬)와 view(표시 전환)가 다른 필터 항목과 함께 구성되어 있다).

 컴퓨터·스마트폰·태블릿·TV에서의 리스트 표시 조작에 차이가 있는지 살펴보자. 디바이스 전반의 공통적인 경향은 선택 항목이 많아지는 필터는 리스트 영역 좌우에, 정렬이나 전환은 리스트 윗부분에 두는 것이다. 이 밖에도 오버레이(팝업)로 화면 전체 위에 올라오도록 하거나 좌우 슬라이드를 사용해서 숨겨진 조작 영역을 꺼내는 방법 등을 자주 사용한다.

 즉 리스트 표시 방법은 화면의 상하좌우 어딘가에 덧붙이거나 화면 위로 올라오게 만드는 것이다. 여기에는 항상 표시하느냐(상설형), 불필요 시 어딘가에 수납해서 가리느냐(수납형)에 따른 차이가 있다. 이것은 주로 화면 영역의 자유도와 제약에 따라 정해진다.

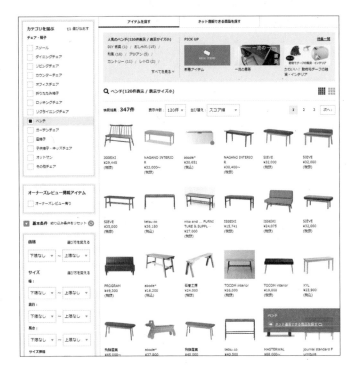

탭룸TABROOM 공식
온라인 스토어

https://tabroom.jp/

　화면 영역의 자유도가 높은 컴퓨터에서는 상설형을 흔히 볼 수 있다. 항목 수가 많은 필터라도 화면의 좌우를 사용해서 세로로 길게 표시할 수 있다. 따라서 한눈에 살펴보는 일람성을 저해하지 않고 조작성 유지가 가능하다.

　화면 크기가 제한적인 스마트폰이나 태블릿에서는 좌우 슬라이드나 오버레이를 사용한 수납형을 자주 볼 수 있다. 즉 간략하게 정리하는 기법이 중심이다. 다층식으로 슬라이드하는 인터페이스를 사용해서 슬라이드 안이 뒤죽박죽되지 않을 만큼의 계층을 가지기도 한다.

　화면에 제약이 있다는 의미에서 TV도 마찬가지다. 포커스 이동과 조작 수고를 줄인다는 점에서 TV에서는 포커스 이동을 통한 '화면 전체 슬라이드'라는 인터페이스를 활용한다.

이베이(iOS: 아이폰)

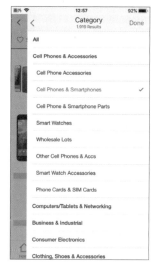

다층식 슬라이드

이베이 앱에서는 필터(범위 좁히기 기능)가 오른쪽 슬라이드에 있다. 각 항목은 한 단계씩 슬라이드를 가지고 있어서 다층식 슬라이드 형태의 인터페이스를 구성한다.

화면 전체 슬라이드

츠타야 무비(안드로이드 TV)의 예. 포커스를 리스트의 오른쪽으로 옮기면 화면 전체가 슬라이드돼서 필터와 정렬 메뉴가 나타난다.

5-5 관련 정보의 종류와 기능

상세 정보에 도착하면 사용자는 일단 목표를 달성한 셈이다. 하지만 거기서 끝은 아니다. 그곳을 단서로 삼아 다음 정보를 찾거나 사용자가 잠재적 욕구를 발견하려면 관련 정보가 도움이 될 수 있다. 의미 있는 정보가 있다면 사용자는 오랫동안 그 서비스에 머무를 것이다. 여기서 말하는 관련 정보에는 크게 '부속 정보'와 '동종 정보'라는 두 종류가 존재한다.

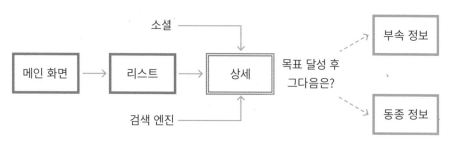

상세 정보의 다음으로 진행하면 관련 정보가 이어진다

부속 정보

부속 정보란 상세 정보를 따라다니는 다른 종류의 정보를 말한다. 프린터의 상품 정보 페이지라면 그 프린터의 매뉴얼이나 드라이버가 그에 부속된 정보라 할 수 있다.

종류가 다른 정보는 대체로 대분류 안에서 다른 카테고리에 존재한다(프린터는 '상품 정보' 카테고리, 매뉴얼이나 드라이버는 '소프트웨어'나 '내려받기' 카테고리 등). 다른 카테고리의 최상층에서 최하층까지 찾아가는 것보다 연관 페이지로 직접 갈 수 있는 '가교'가 있는 편이 훨씬 편리하고 의미가 있을 것이다.

제품에 부속된 정보

드라이버 등의 소프트웨어, 매뉴얼 등
의 문서는 제품에 반드시 있어야 할
중요한 콘텐츠다.
https://www.asus.com/jp/Graphics-
CArds/ROG-STRIX-RX560-O4G-
GAMING/HelpDesk_Download/

동종 정보

동종 정보란 같은 단계에 있는 다른 정보를 말한다. 프린터라면 사양·가격·성능·제조연도(모델)의 차이에 따른 다른 프린터들이 여기에 해당한다. 또는 잉크, 종이, 케이블 등 프린터는 아니지만 상품에 속하는 것들도 있다.

동종 정보가 중요한 이유는 비교와 발견을 기대할 수 있어서다. 비교란 상품과 동종 상품을 견주어서 상품의 가치나 위치를 더 잘 알게 되는 것이다. 발견이란 제시를 통해 비로소 다른 관점에서 알아차리는 것이다. 소위 말하는 관련 정보는 이렇듯 '동종이지만 다른 정보'이며, 뉴스 기사, 상품, 부동산, 그 외 각종 서비스의 상세 정보에서 볼 수 있다.

관련 정보의 실례로 가장 참고할 만한 서비스 가운데 하나가 아마존이다. 아마존의 상세 페이지는 세로로 매우 길게 구성되어 있다. 상품에 관한 직접적인 정보인 '사양 정보'와 '별점 평가 리뷰'를 제외하면, 다른 대부분이 어떤 기준 아래 관련 상품으로 가는 링크로 이루어져 있다(예로 든 페이지에는 '자주 함께 구입하는 상품' 등 6가지 기준에서 다른 상품으로 가는 링크가 존재한다).

**일본 야후의 기사
상세 페이지**

뉴스 기사에서는 관련 기사와 순위가 높은 다른 기사를 페이지의 좌우나 아래에 다수 배치하는 사례가 많다.

https://news.yahoo.co.jp/

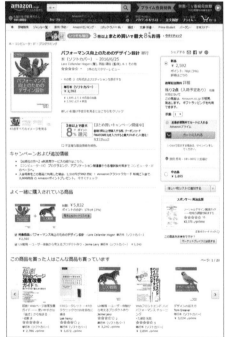

아마존의 상품 상세 페이지

아마존의 상품 상세 페이지는 상품의 사양 정보와 별점 평가 리뷰를 제외하면, 다른 대부분이 '관련 상품 페이지로 가는 링크'로 이루어져 있다.

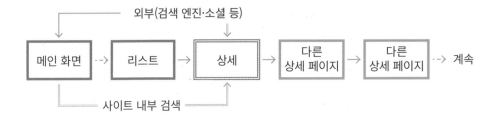

아마존의 상품 상세 페이지 이후의 흐름
아마존에서는 어떤 상품의 상세 페이지에서 다른 상품의 상세 페이지로 가는 링크를 중요시한다. 메인 화면 부터의 전환이 아니라, 외부 검색 엔진 등을 통해 상세 페이지로 직접 찾아오는 것을 전제로 한다.

아마존에서는 이러한 대량의 관련 링크를 통해 메인 화면이나 카테고리에서 파고 내려갈 필요 없이 상세 페이지에서 다른 상세 페이지로 이동하도록 유도한다. 상품 상세 페이지가 목적지이면서도 다음을 위한 출발점이 된다는 점을 아마존에서 중요시한다고 볼 수 있다. 서비스를 더 오래 사용하도록 만들어서 구매로 연결하는 방책이다.

유튜브나 넷플릭스 같은 동영상 서비스에서도 관련 정보를 효과적으로 사용할 때가 많다. 특히 TV에서는 화면 영역과 조작성 제약 때문에 표시하는 요소를 상당히 줄이므로, 관련 영상으로 가는 링크가 오히려 강조된다. 이에 따라 동영상을 끝없이 보게 만드는 구성을 띠고 있다.

다음 예시처럼 유튜브의 TV용 앱에서는 동영상 시청이 끝나면 몇 초 후에 자동으로 재생되는 다음 동영상, 관련 동영상이 여러 단으로 제시된다. 다른 선택지는 '지금 영상을 다시 재생한다'는 것밖에 없다. 그래서 의도적으로 포커스를 화면 밖의 최하단으로 가져가든지 뒤로 가기를 누르지 않으면 계속 동영상을 보게 된다(동영상은 텍스트와 달라서 수동적인 자세로도 서비스를 계속 사용하게 되는 중독성이 있으므로 주의가 필요하다).

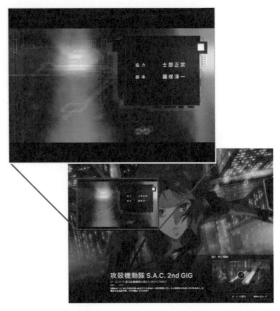

유튜브(안드로이드 TV)

넷플릭스(컴퓨터: 웹)

넷플릭스에서는 본편의 재생이 끝나가면, 몇 초 후에 자동으로 다음 동영상을 재생한다.

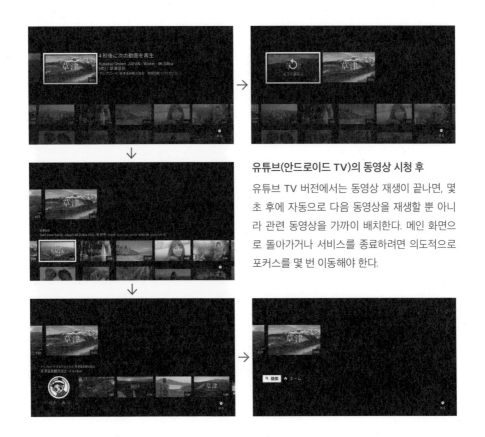

유튜브(안드로이드 TV)의 동영상 시청 후

유튜브 TV 버전에서는 동영상 재생이 끝나면, 몇 초 후에 자동으로 다음 동영상을 재생할 뿐 아니라 관련 동영상을 가까이 배치한다. 메인 화면으로 돌아가거나 서비스를 종료하려면 의도적으로 포커스를 몇 번 이동해야 한다.

5-6 모른다는 것의 의미

좋은 겉모습과 유행의 기준은 시대와 함께 변해 가지만, 바닥에 깔려 있는 사용자 요구는 바뀌지 않는다. 사용자가 언제나 필요로 하는 것은 무엇을 조작하면 어디에 가는지를 알고, 정보를 찾으며, 찾은 정보를 읽는 것이기 때문이다.

사용자가 잘 모른다고 느낄 때

오른쪽에 예로 든 웹사이트는 안드로이드 개발자^{Android Developers} 페이지의 문서화^{Documentation} 부분이다. 개별 페이지는 디자인이 적용되어 문제가 없지만, 헤더의 내비게이션을 사용해서 차례차례 이동해 가면 잘 모르게 된다. 원인은 이디에 있을까?

사용자가 종종 직면하는 '잘 모른다'는 것의 이유를 파고 들어가면, 결국 2가지로 집약된다. '위치를 모른다'와 '조작법을 모른다' 또는 둘 다이다. 정확하게 표현하자면 '전체와 현재의 위치 관계를 모른다'와 '조작 규칙 또는 일관성을 모른다'이다. 목적지를 향해 달리는 자동차처럼 사용자가 바라는 정보를 향해 가려면 '지금 사용자가 있는 곳'과 '목적지까지 갈 수 있게 해 주는 조작'이라는 2가지를 파악해야 한다. 이것이 유지되면 사용자는 '계속 안다'는 상태를 유지할 수 있다.

구조와 조작에서 일관성 있는 인터페이스 디자인이란 '모름'을 해결하는 것이다. 사용자가 현재 위치를 파악하려면 '전체의 어디에 있는지'라는 위치 관계를 이해해야 한다. 이를 위해 사용자가 내비게이션이나 인터랙션의 조작을 예측할 만큼의 일관성 있는 인터페이스가 필요하다.

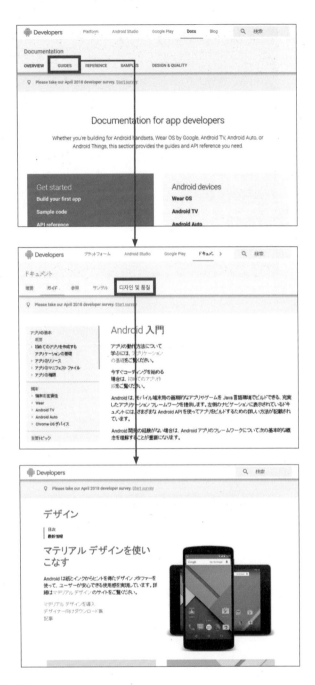

사용자가 위치와 조작법을 모르는 경우

안드로이드 개발자 페이지(기본적으로 영어로 되어 있다). 출발 지점인 '개요(overview)'부터 그 옆의 '가이드(guide)'로 이동하면, 약간 깊은 구조의 서브 내비게이션과 함께 전체가 접속자의 국가별 언어로 표시된다. 그러나 '디자인 및 품질(design & quality)'을 클릭하면 로고는 같지만 헤더 요소가 다른 페이지로 이동한다. 여기까지 오면 헤더를 통해 원래 페이지로 돌아갈 수 없다. 즉 지금 어디에 있는지, 무엇을 어떻게 해야 하는지를 전혀 모르는 상태가 된다.

http://developer.android.com/docs/

맥 메인 화면

맥북

맥 액세서리

아이패드 메인 화면

아이패드 프로

아이패드 액세서리

전체를 기준으로 현재 위치 표시와 조작 일관성을 강조한 사례

애플 일본 웹사이트는 일관성이 높고 간결하다. 화려하지 않지만 위치 관계를 충분히 제시한다. 웹사이트 전체에 규칙성을 적용하므로, 모르는 상황이 발생하기 어려운 구조다.

https://www.apple.com/jp/

5-7 요점 정리

앱과 웹사이트는 개별 페이지와 기능을 연결하여 서비스를 구성한다. 이것은 서비스 내에 위치 관계가 있다는 의미이자, 조작하려면 전후 관계와 현재 위치를 알아야 한다는 의미이기도 하다. 내비게이션은 서비스 내부를 자유롭게 오가기 위한 수단이다. 라벨링과 현재 위치를 위한 차별화 표현은 서비스 안에서 사용자가 헤매지 않도록 도움을 준다.

- 앱과 웹사이트는 가로·세로·전후의 입체적 구조를 가진다.
- 인터랙션은 전후 관계를 이해하는 데 도움이 된다.
- 카테고리 라벨링을 할 때는 배타적으로 이름을 붙여야 한다.
- 현재 위치를 표현하는 방법에는 굵기·색·크기·배경색·표식 등 5가지가 있다.
- 보편적인 서비스는 메인·리스트·상세라고 하는 3가지 계층으로 이루어져 있다.
- 리스트 조작에는 필터·정렬·전환이 있다.
- 관련 정보에는 부속 정보와 동종 정보가 있다.
- 동종 정보를 보는 것은 비교와 발견을 위해서다.
- 모른다는 것은 위치나 조작법을 알지 못하는 상태를 말한다.

6장

내비게이션과
인터랙션

이번 장에서는 인터랙션과 내비게이션의
요소를 소개한다. 인터페이스를
디자인한다는 것은 결국 어떤 목적을 위해
어떤 내비게이션을 어떤 인터랙션으로
실현할지를 구상하는 것이다. 이를 위해
내비게이션에 관한 지식을 쌓고,
필요할 때 그 지식을 꺼내어 각 과제에
적용해야 한다.

6-1 내비게이션을 좌우하는 요소

내비게이션이란 사용자가 정보나 기능을 발견하는 것을 도와서 바람직한 행동을 취하게 만드는 **인터페이스의 집합체**다. 사용자는 목적 달성을 위해 서비스를 사용한다. 내비게이션은 이를 위한 수단에 불과하다. 그러므로 목적지까지 쉽게 도달해 콘텐츠에 집중할 수 있으면 내비게이션에 들어가는 인터랙션 비용*(인지적·신체적 부하)이 가장 작은 상태라고 할 수 있다. 이는 내비게이션으로서 이상적인 모습이다.

내비게이션이 제대로 작동할 때 사용자의 의식에서 내비게이션은 사라진다. 그리고 모든 조작을 어색하지 않고 원활하게 진행할 수 있다.

내비게이션 배치와 패턴

내비게이션은 기본적으로 화면의 상하좌우 중 한 곳에 배치한다. 현재 모든 디바이스의 화면이 직사각형이므로 한쪽 모서리에 내비게이션을 배치하는 것이 가장 합리적이기 때문이다. 만약 화면이 원형이나 다각형이었다면 내비게이션은 크게 달라질 것이다.

내비게이션에도 자주 등장하는 패턴이 있다. 예를 들어 헤더, 푸터, 탐색 경로, 글로벌 내비게이션, 로컬 내비게이션, 관련 내비게이션, 오버레이, 인레이 등이다. 이들을 조합해서 내비게이션을 디자인할 때, 무엇을 설치하는 것이 적절한지는 '콘텐츠의 양', '화면 영역의 자유도', '입력 수단의 차이'와 같은 여러 조건에 따라 달라진다. 이제 이들 각각의 특징을 살펴보자.

---

* 인터랙션 비용에 관해서는 '4-2: 인터랙션 비용의 구체적 정의'를 참조할 것.

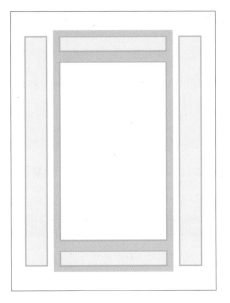

사각형 화면에서는 상하좌우를 내비게이션으로
사용하는 것이 합리적이다.

프리폼 디스플레이(샤프)

만일 화면이 직사각형이 아니라면 적절한 인터
페이스는 완전히 달라질 것이다.

사진: 샤프

콘텐츠의 양

콘텐츠의 양이 증가하면 설치하는 내비게이션의 종류도 증가한다. 서비스 내
용, 즉 콘텐츠가 적으면 헤더와 푸터만으로 충분하다. 그러나 콘텐츠가 증가하면
헤더에는 글로벌 내비게이션, 푸터에는 사이트 맵이 추가된다. 즉 설치되는 내비
게이션 종류가 증가한다. 콘텐츠 양이 적당히 많아지면 글로벌 내비게이션에는
계층화된 로컬 내비게이션도 필요해질 것이다.

**콘텐츠 분량의
많고 적음**

콘텐츠 분량이 증가
하면 내비게이션 종
류도 늘어난다. 그러
면 어떤 형태로든 로
컬 내비게이션이 필
요하다.

콘텐츠 분량: 적음　　　콘텐츠 분량: 보통　　　콘텐츠 분량: 많음

내비게이션 배치 위치를 결정하는 화면 레이아웃은 화면 영역의 제약이나 서비스의 목적에 따라 달라진다.

글로벌 내비게이션은 화면의 윗부분, 로컬 내비게이션은 화면의 좌우 또는 위에 배치하는 것이 일반적이다. 하지만 애플 웹사이트에서는 단일 제품의 비주얼과 콘텐츠를 강하게 어필하고자 헤더·글로벌 내비게이션·로컬 내비게이션 전부를 화면 윗부분에 집약했다.

애플 웹사이트 메인 화면

맥 메인 화면

맥북 프로 메인 화면

애플 웹사이트의 메인 화면에는 글로벌 내비게이션만 존재한다. 한 단계 내려가면 그 카테고리(Mac)의 로컬 내비게이션이 나타난다. 한 단계 더 내려가면 그 상품(MacBook Pro)의 로컬 내비게이션이 나타난다(글로벌 내비게이션은 모든 페이지에 표시되어 있다).

https://www.apple.com/

화면 영역의 자유도

화면 영역의 크기와 고정인지 가변인지에 따라서도 최적의 내비게이션은 달라진다. 컴퓨터에서는 화면이 크고 브라우저 크기도 가변적이다. 반면 스마트폰에서는 화면이 작고 크기도 고정되어 있다(크거나 작게 할 수 없다). 화면 영역의 자유도에 따라 슬라이드나 오버레이 등과 같은 '일시적으로 표시하는 내비게이션'과 '항상 설치되는 내비게이션'을 나누어 사용하게 된다.

화면이 크고 자유도가 높은 컴퓨터에서는 좌우 내비게이션을 상설할 수 있다. 이와 달리 화면이 세로로 길고 크기도 고정된 스마트폰에 좌우 내비게이션을 설치한다면, 햄버거 메뉴 등을 사용해서 슬라이드 표시를 검토해야 할 것이다. 세로 방향 스크롤을 이용하는 많은 서비스에서 내비게이션 디자인의 자유도는 아래 예시의 반응형 디자인처럼 화면 폭에 큰 영향을 받는다.

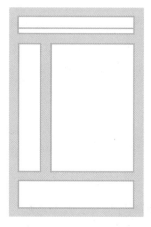

컴퓨터

스마트폰

화면 크기가 제한적인 스마트폰, 태블릿, TV는 슬라이드나 오버레이를 내비게이션 영역으로 사용하게 된다.

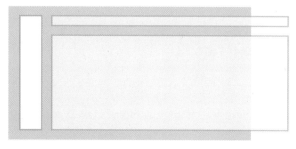

TV

한편 TV에서는 가로로 길게 화면이 고정되어 있다. 화면의 세로 폭이 짧은 만큼 헤더나 푸터를 상설할 공간을 확보하기 어렵다. 주요 내비게이션을 헤더가 아닌 좌우 슬라이드에 배치하는 서비스가 많은 이유도 화면이 가로 방향으로 고정되어 있기 때문이다.

스마트폰에서 표시할 때

태블릿에서
표시할 때

컴퓨터에서 표시할 때

반응형 디자인
레이아웃이나 내비게이션 등의 디자인 자유도는 화면 폭의 영향을 크게 받는다.
https://www.volkswagen.co.jp/

입력 수단의 차이

입력 수단이 달라지면 적절한 내비게이션도 달라진다. 세세한 부분으로 구성된 내비게이션을 조작할 때 마우스라면 문제가 없다. 그러나 터치 조작이나 리모컨 조작이라면 부적절하므로 그 경우에는 수고가 덜한 내비게이션이 바람직하다.

터치 조작에서는 호버를 사용한 내비게이션 링크를 판단할 수 없다. 터치하기 전에 '시각만으로' 그것이 링크인지 아닌지를 판단할 수 있어야 한다. 또한 터치 조작에서는 인터페이스 요소가 어느 정도 커야 한다. 인터페이스 요소가 지나치게 작으면 손가락으로 조작하기가 힘들어진다.

스마트폰은 양손뿐 아니라, 한 손으로 조작하는 것도 상정해야 한다. 따라서 주요 내비게이션을 화면 아래쪽에 모으는 편이 좋을 것이다. 이런 이유로 iOS의 앱에서 탭 내비게이션을 화면 아래에 설치한다.*

리모컨 조작에서는 포커스 이동에 따른 인터랙션 비용이 크다. 포커스의 움직임을 가능한 한 줄이는 내비게이션이 바람직할 것이다. 특히 상하좌우 네 방향에 포커스를 움직이는 것보다 위아래 또는 좌우 두 방향으로만 포커스를 움직이는 내비게이션이 조작하기에 편하다. 손가락을 움직이는 이동량이 적어지므로 신체적 부하도 줄어들기 때문이다.

마우스 조작
마우스 조작에서는 세밀한 조작이 가능하므로, 섬세한 내비게이션도 지장이 없다. 또 마우스 오버를 사용할 수 있어 얼핏 링크인지 구별하기 어려운 인터페이스 요소라도 허용된다.

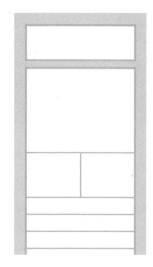

터치 조작
손가락 크기를 고려해 터치 대상도 어느 정도 커야 한다. 작은 디자인 요소는 조작하기 힘들다.

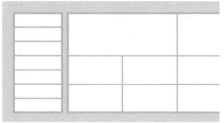

리모컨 조작
리모컨에서는 포커스를 이동해서 조작한다. 포커스를 맞춘 대상이 작으면 구별·조작이 어려우므로, 각 요소를 큼직하게 디자인한다.

---

* 안드로이드에서는 뒤로 가기, 홈 등의 동작 버튼이 화면 아래에 설치되어 있어서 탭 바가 화면 아래에 있을 필요가 없다.

인스타그램(iOS: 아이폰)

야후 옥션(iOS: 아이폰)

방향을 제한한 포커스 이동

상하좌우로 포커스를 이동하는 리모컨 조작은 위아래 또는 좌우로만 이동하는 편이 조작하기에 편리하다. 애플 TV의 IME(영어판)는 알파벳이나 숫자 기호를 좌우로 조작하여 입력하는 형태다.

6-2 인터랙션의 목적과 활용

인터랙션이란 사용자의 입력에 대해 움직임이나 변화를 동반한 피드백을 말한다. 사용자는 서비스를 사용할 때 조작이나 입력에 대해 어떤 형태의 반응(피드백)이 돌아오기를 기대한다. 반응이 있으면 자신의 조작이 제대로 들어갔다는 것을 체감할 수 있다. 만약 반응이 없다면 '애초에 누를 수 있었나?', '입력이 잘못되었나?', '서버가 다운됐나?'와 같은 판단도 할 수 없을 것이다.

예컨대 호버에 따라 대상이 미묘하게 변화하는 것도 인터랙션이다. 변화한다는 피드백이 있어서 대상을 누를 수 있는지 알 수 있다. 마찬가지로 탭했을 때의 변화, 스와이프에 따른 직선적(무단계) 움직임, 로딩 중 돌아가는 애니메이션 아이콘 등의 피드백이 조작에 동반되는 인터랙션이다.

인터랙션은 목적을 기준으로 2가지로 나눌 수 있다. 이해를 위한 인터랙션과 연출을 위한 인터랙션이다.

호버

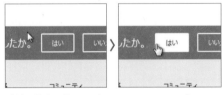

마이크로소프트 Docs(msdn.microsoft.com)

탭

뉴스(안드로이드)

스와이프

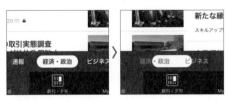

닛케이 온라인판(iOS: 아이폰)

로딩

핀터레스트(iOS: 아이폰)

포커스

앱 스토어(애플 TV)

에러

트위터(twitter.com)

이해를 위한 인터랙션

이해를 위한 인터랙션이란 명쾌한 **이해를 촉진하는 움직임**이며, 사용하기 쉬움과 이해하기 쉬움에 직결된 인터랙션이다. 예를 들어 어떤 페이지에서 다른 페이지로 이동할 때 소프트웨어 관점에서는 순간적으로 화면을 바꾸는 것이 가장 효율적인 구현 방법이다. 하지만 사용자 관점에서는 비록 짧은 시간에 처리가 끝나더라도 변화를 단계적으로 표현했을 때 이해하기 쉽다. 애초에 우리가 사는 현실 세계에서는 순간이동은 일어나지 않는다. 아무리 빨리 움직여도 연속적인 변화가 일어나는 법이다.

iOS(아이폰)의 설정 화면

탭한 영역이 회색으로 변하고, 새로운 화면이 슬라이드되어 들어온다. 원래 화면은 서서히 회색으로 변하며 사라지고, 원래 화면의 타이틀이 새 화면의 뒤로 가기 버튼의 이름으로 변한다. 이러한 일련의 움직임이 짧은 시간 안에 이루어진다.

왼쪽의 예는 iOS(아이폰)의 설정 화면에서 하층 페이지로 이동할 때의 인터랙션이다. 먼저 '날짜 및 시각' 영역을 탭하면 선택 영역이 회색으로 변한다. 타이틀 부분은 일반에서 날짜 및 시각으로 슬라이드되어 변하고, 원래 페이지인 일반은 뒤로 가기 버튼으로 변한다.

그리고 날짜 및 시각 페이지는 오른쪽에서 슬라이드되어 나타나고, 동시에 원래 페이지는 서서히 어두워지면서 새로운 페이지의 아래로 숨어 버린다. 불과 0.5초에 불과한 짧은 시간이지만, 많고 세세한 인터랙션을 자연스럽게 집어넣었다. 이런 움직임이 있는지 없는지에 따라 사용자가 체감하는 이해도는 크게 달라질 수 있다.

실제로 인터랙션 대부분은 사용자의 이해를 늘리는 움직임에 해당한다. 사용자가 얼마큼 쉽게 서비스를 사용하는지는 대부분 인터랙션 디자인의 완성도에 달려 있다. 사용하기 쉽다는 것은 인지적 부하를 얼마나 줄일 수 있는지와 큰 관련이 있다. 인터랙션은 그것을 위한 효과적인 수단이다.

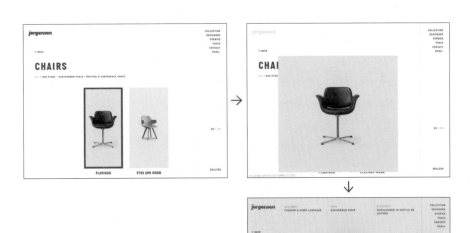

에리크 에르겐센 Erik Jørgensen

*https://erik-joergensen.com/
en/collection/chairs/*

플레이스테이션4 설정 화면

앞서 소개한 에리크 에르겐센 웹사이트에서는 상품을 선택하면 새로운 화면이 클로즈업되면서 전체 화면이 바뀐다. 왼쪽의 플레이스테이션4 설정 화면에서는 원래 화면이 안으로 깊이 들어가고, 선택한 화면이 사용자 앞에 나타난다.

↓

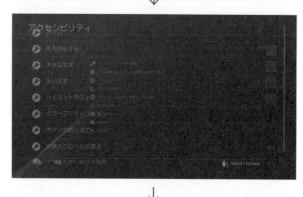

↓

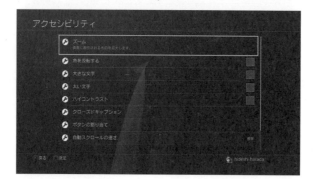

연출을 위한 인터랙션

연출을 위한 인터랙션이란 멋진 경험을 통해 서비스의 매력을 높이는 움직임이며, 브랜드 인지도를 호소하는 효과적인 인터랙션이다. 패럴랙스는 사용자를 목적지에 재빨리 안내하는 데는 쓸모없지만, 이러한 인터랙션에서 조작의 재미를 사용자에게 제공하는 역할을 한다.

깊이감을 주는 패럴랙스 예시

패럴랙스란 시차 효과를 의미한다. 위의 예시에는 전체를 스크롤해도 배경화면은 스크롤되지 않는다. 앞의 이미지와 배경 이미지 사이에 깊이가 있는 것 같은 효과가 생긴다.

https://www.market-me.fr/lenno

내비게이션과 인터랙션

가로 방향 패럴랙스

패럴랙스 플리핑 카드Parallax Flipping Cards의 웹사이트. 카드와 그 위의 문자가 회전할 때 살짝 다른 타이밍으로 움직인다. 이에 따라 카드 가운데가 솟아오른 것 같은 시각적 효과가 생긴다.

https://codepen.io/nicolaspavlotsky/full/wqGgLO

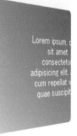

다음의 로그인 연출 예시도 사용자에게 조작의 즐거움을 선사하는 독특한 인터랙션 중 하나다. 입력창 위에 있는 곰이 메일 주소 입력 중에는 눈으로 문자를 따라가고, 비밀번호를 입력할 때는 손으로 눈을 가린다.

로그인 크리터 Login Critter

https://github.com/cgoldsby/LoginCritter

마이크로 인터랙션

'마이크로 인터랙션micro interaction'이란 제품이나 서비스에서 일어나는 최소 단위의 인터랙션이다. 간략하자면 사용자와의 소통과 작업 실행을 촉진하기 위한 아주 작은 애니메이션 효과를 의미한다.

새 비밀번호		
새 비밀번호	ᅴ	10자 이상 입력하세요
새 비밀번호	•••••ᅵ	특수문자를 조합하세요
새 비밀번호	••••••••ᅵ	보안성 좋음
새 비밀번호	••••••••••••ᅵ	보안성 강함
새 비밀번호	•••••••••••••••••ᅵ	보안성 매우 강함
새 비밀번호 확인	••••ᅵ	비밀번호가 일치하지 않습니다

문자 입력에 따라 메시지가 변하는 비밀번호 입력창
트위터의 비밀번호 설정에서는 입력한 문자의 타당성을 입력창 오른쪽에 바로 표시한다.

미국의 저명한 디자이너인 찰스 임스Charles Eames는 "디테일은 단순한 디테일에 그치지 않는다. 디테일이야말로 제품을 완성하는 것이다."라는 말을 남겼다. 앞서 예로 든 비밀번호 입력창 등이 좋은 예다. 문자를 입력할 때마다 그때까지 입력한 문자열이 비밀번호로 적절한지를 보여 주는 메시지가 바뀐다.

'없어도 기능으로서 지장은 없지만, 있는 편이 편리하다'와 같은 세심한 편리성을 마이크로 인터랙션이라고 한다. 이런 것이 쌓이면 서비스 전체의 질이 올라간다. 어떤 분야의 서비스 사이에 더는 커다란 차별화가 어려워지면, 이런 디테일에 신경 쓰는 것이 장기적으로 분수령이 될 수 있다.

인터랙션 실제 사례집
머티리얼 디자인 가이드라인에서는 마이크로 인터랙션 샘플을 많이 소개한다.
https://material.io/design/motion/

솔리드 익스플로러(안드로이드)

앱 종료할 때의 배려
파일 관리 앱에서는 계층 이동이 빈번하다. 뒤로 가기 버튼으로 첫 화면까지 돌아간 후에 다시 뒤로 가기를 누르면, 앱을 종료한다는 표시가 몇 초간 나타난다. 실수로 조작했을 때를 위한 배려다. 그 상태에서 뒤로 가기 버튼을 한 번 더 눌러야 앱을 종료할 수 있다.

시계(안드로이드)

전환할 때의 인터랙션

시계에서 타이머로 기능을 전환할 때 아이콘이 빙글 회전한다. 작은 애니메이션이 사용자의 인지와 즐거움을 강화한다.

알아보기 │ 내비게이션과 인터랙션의 상호 작용

좋은 내비게이션이란 무엇일까? 내비게이션은 사용자가 목적으로 하는 정보를 발견하는 것을 돕는 보조 수단이다. 사용자가 스트레스를 느끼지 않고 목적지에 도달한다면, 내비게이션의 역할에 전혀 문제가 없다. 이보다 더 나아가 기분 좋게 조작할 수 있는 내비게이션에는 좋은 인터랙션이 함께 있는 사례가 많다.

인터랙션이 있으면 내비게이션의 효과가 훨씬 좋아진다. 인터랙션이란 사용자의 이해를 촉진하는 추가적인 애니메이션이면서, 동시에 그 자체로 서비스를 구성하는 매력과 가치를 지닌 것이다.

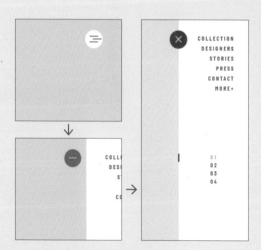

햄버거 메뉴의 인터랙션

햄버거 메뉴를 눌러서 메뉴가 슬라이드되어 나타날 때, 세 줄에서 × 표시로 아이콘이 변화한다. 이러한 인터랙션은 사용자의 기분을 좋게 한다.

https://erik-joergensen.com/en/collection/chairs/

스마트 뉴스(iOS: 아이패드)

스마트 뉴스SmartNews는 분야별로 기사를 싣는 평범한 뉴스 앱이지만, 분야를 '책장 넘기는' 듯한 조작과 표현 방식에 가치가 있다.

핀터레스트(iOS: 아이패드)

핀터레스트의 상세 화면에서는 사진을 아래로 스와이프하면 앞 페이지로 돌아가고, 좌우로 스와이프하면 전후 사진으로 이동한다. 세련된 인터랙션과 내비게이션이 특징이다.

6-3 효율적인 헤더 활용법

헤더란 서비스 전체적으로 설치된 공통 인터페이스이며, 행동의 기점이 되는
내비게이션이다. 또한 서비스의 전체적인 구성을 사용자에게 어필해서 브랜드
인지를 도모하기 위한 영역이기도 하다.

https://www.apple.com/

https://www.crateandbarrel.com/

글로벌 내비게이션과 메가 드롭다운 메뉴

헤더에서는 글로벌 내비게이션과 메가 드롭다운 메뉴가 특히 중요하다. 글로
벌 내비게이션이란 서비스의 골격에 해당하는 메인 내비게이션이다. 화면 윗부분
또는 좌우를 사용해서 설치하는 경우가 많으며, 언제나 중요한 역할을 한다. 글
로벌 내비게이션은 가능한 한 금방 손이 닿는 범위에 있으며, 적은 수고로도 서
비스 안에서 크게 이동할 수 있도록 돕는다.

웹 CG(WebCG)

머티리얼 디자인

글로벌 내비게이션

스마트폰이든 컴퓨터든 디바이
스를 불문하고 글로벌 내비게
이션은 중요하다. 스크롤 중에
는 사라지고, 역방향으로 스크
롤하면 다시 나타나거나, 좌우
슬라이드에 따라 숨겨지는 등
항상 표시되는 것은 아니지만
적은 수고로 접근할 수 있다.

(왼쪽) https://www.webcg.net/
(오른쪽) https://material.io/

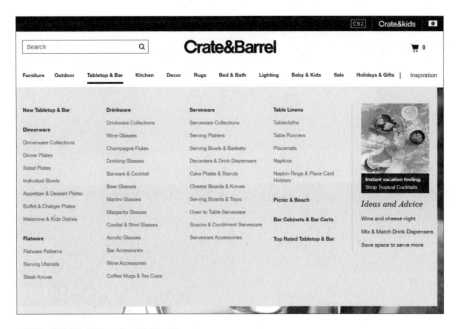

글로벌 내비게이션과 메가 드롭다운 메뉴

크레이트 앤 배럴Crate&Barrel 웹사이트에는 글로벌 내비게이션의 항목마다 메가 드롭다운이 설치되어
있다.

https://www.crateandbarrel.com/

　　특히 컴퓨터용 웹사이트에서는 글로벌 내비게이션과 **메가 드롭다운 메뉴**가 함
께 설치되는 사례가 많다. 메가 드롭다운 메뉴를 간단히 표현하자면 넓은 면적을
가지는 풀다운 메뉴라고 할 수 있다. 헤더나 글로벌 내비게이션의 한 부분으로
설치하며, 마우스 오버 또는 클릭(탭)하면 거대한 메뉴를 표시한다. 선택지를 그
룹화해서 표시할 수 있어서 스크롤하지 않고도 모든 콘텐츠를 한눈에 살펴볼 수
있다. 다양한 카테고리를 다루는 서비스에서는 메가 드롭다운 메뉴가 매우 효과
적인 내비게이션이 될 수 있다.

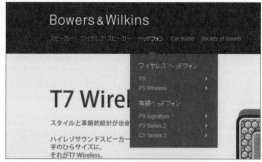
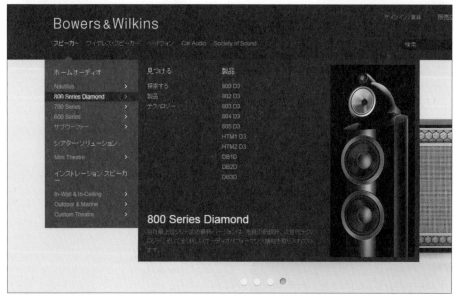

2단계 메가 드롭다운 메뉴

바워스 앤 윌킨스Bowers & Wilkins 웹사이트에서는 2단계 메가 드롭다운을 구현한다. 글로벌 내비게이션의 항목마다 첫 단계의 메가 드롭다운이 표시되고, 드롭다운 항목마다 두 번째 단계의 메가 드롭다운이 전개된다.

https://www.bowers-wilkins.jp/

　예로 든 바워스 앤 윌킨스 웹사이트처럼 2단계로 펼쳐지는 메가 드롭다운도 있다. 글로벌 내비게이션의 각 카테고리에 풀다운 메뉴가 있고, 그 풀다운 메뉴가 메가 드롭다운 메뉴를 가지는 2단 구성이다. 이 웹사이트는 취급하는 상품의 범위나 양이 많은 편이 아니며, 일람성과 조작성 양쪽을 높은 수준으로 끌어올린 좋은 예라고 할 수 있다.

메뉴 영역 제어

일본 아마존 웹사이트에서는 메가 드롭다운의 상세 영역으로 이동하는 동안에 다음 영역으로 넘어가지 않는다. 오른쪽 예시 이미지처럼 청색 삼각형 영역 안에 마우스 포인터가 있으면 새로운 영역으로 이동하지 않게 설정되었다.

아마존을 비롯한 메가 드롭다운 메뉴에는 이용자가 알아차리기 어려운 장치가 숨어 있다. 풀다운 메뉴를 열어서 카테고리를 마우스 오버하면, 해당하는 상세 영역이 오른쪽에 펼쳐진다. 이 처리는 순식간에 이루어진다.

하지만 전개한 상세 영역을 향해 (다른 카테고리를 건너가듯) 마우스 포인터를 비스듬하게 이동해도 선택한 상세 영역이 마음대로 전환되는 일은 일어나지 않는다. 마우스 포인터를 꼭짓점으로 하고 상세 영역을 밑변으로 하는 삼각형(청색 영역)에 마우스 포인터가 남아 있으면, 상세 영역을 계속 열어 두도록 설정했기 때문이다.

헤더 숨기기의 원리

헤더에는 글로벌 내비게이션·검색·메가 드롭다운 메뉴 등 서비스 전체를 이동할 수 있는 기본적인 내비게이션이 들어 있다. 또한 탐색 경로처럼 현재 위치를 알려 주는 단서도 많이 존재하므로, 페이지 윗부분 어딘가에 표시하면 편리하게 활용할 수 있다.

그렇지만 화면 윗부분을 항상 헤더가 넓게 차지하고 있으면 비효율적이다. 그래서 페이지 중간이나 스크롤 중에는 헤더의 크기를 줄이고 필요할 때만 펼쳐지도록 만드는 등 편리성을 도모하는 경우가 많다.

헤더 숨기기의 기본적인 인터랙션은 스크롤 중에는 헤더를 넣어 두고, 역방향 스크롤일 때 펼치는 움직임이다. 스크롤 중에는 사용자의 시선이 메인 콘텐츠에 있고 주목하는 대상을 더 크게 의식한다. 주목에서 벗어난 대상(헤더 부분)을 작게 만들면 조작성 향상과 인지적 부하 감소를 꾀할 수 있다.

순방향 스크롤   역방향 스크롤

https://material.io/design/

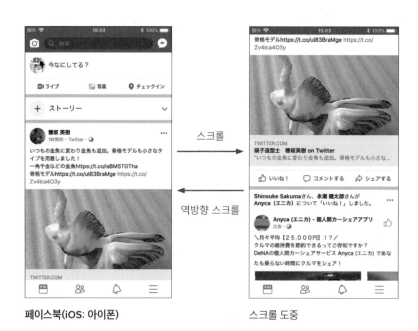

페이스북(iOS: 아이폰)   스크롤 도중

페이스북의 헤더 숨기기 예시

스크롤 중에는 헤더를 숨겨서 메인 콘텐츠 부분을 넓게 표시한다. 역방향 스크롤 시 숨어 있던 헤더를 다시 표시한다.

앱 스토어(애플 TV)   **포커스를 이동할 때**

TV 디바이스에서도 덜 필요한 헤더는 숨긴다. 앱 스토어에서는 글로벌 내비게이션에 해당하는 헤더 부분에서 카테고리를 선택하거나 포커스를 아래로 옮기면, 헤더를 위로 슬라이드해서 넣어 둔다.

스크롤 중에 헤더를 숨기는 방법으로는 '완전히 보이지 않게 만드는 형태'와 '세로 폭을 짧게 줄여 화면 윗부분에 밀착하는 형태'의 2가지가 있다. 기능 면에서 큰 차이가 없지만, 스마트폰 앱처럼 화면 상하 양방향에 내비게이션이 있으면 염두에 둘 필요가 있다.

화면 상하 양방향에 고정된 영역이 있으면 스크롤하기 불편해지며 갑갑하다고 느낄 위험이 있다. 그 화면에서 가장 유용한 내비게이션 하나만 위나 아래에 남기고, 나머지 내비게이션은 완전히 보이지 않게 숨기는 것이 좋다.

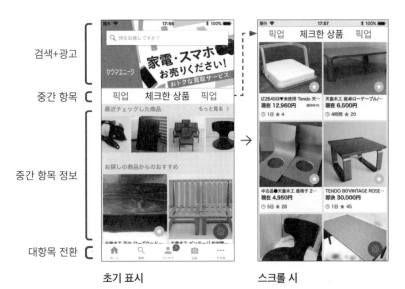

초기 표시   **스크롤 시**

야후 옥션(iOS: 아이폰)의 헤더 숨기기 예시

스크롤 중에 남겨 두고 싶은 내비게이션으로는 검색, 중간 항목, 대항목 등이 있다. 이 화면에서 가장 유용한 것은 중간 항목 내비게이션이므로, 그 밖의 것은 스크롤 중에는 숨긴다.

6-4 푸터의 숨겨진 가치

푸터란 스크롤한 페이지의 끝부분에 있는, 서비스 공통으로 상설된 영역을 말한다. 푸터가 중요시되는 이유는 헤더처럼 서비스 전반에 설치된 공통 인터페이스이기 때문이다. 또한 사이트 맵 등 사용자에게 유용한 보조 콘텐츠를 영역 제약 없이 둘 수 있다.

√ 앱에서 자주 쓰이는 하단 내비게이션용으로 상설된 탭 인터페이스는 푸터로 보지 않는다.

사이트 맵과 보조 콘텐츠

푸터에서 우선 중요한 것은 **사이트 맵**을 설치하는 곳으로 사용된다는 점이다. 사이트 맵의 목적은 헤더에서 메가 드롭다운 메뉴와 마찬가지로 서비스 전체를 조감하듯 파악하여 원클릭으로 직접 이동하도록 유도하는 것이다. 페이지 구석에 눈에 띄지 않게 놓인 링크를 통해 사이트 맵 페이지로 가는 것보다 훨씬 간편하고 실용적인 내비게이션으로 동작한다.

푸터는 페이지의 끝부분이라고 하는 우선순위가 낮은 영역에 위치하여 화면 세로 폭을 아무리 사용하더라도 악영향을 크게 끼치지 않는다는 이점이 있다. 그래서 SNS 계열 도구나 관계 기업의 알림과 같은 보조 정보를 필요한 만큼 쌓을 수 있다.

화면 끝부분이라고 해도 전체 페이지 공통으로 설치할 수 있어, 푸터의 기능에는 가치가 충분하다. 어떤 페이지에서든 유용하거나 우선순위가 높거나 알아두거나 사용하고 싶은 것이 있다면, 기본적으로 무엇을 설치해도 지장이 없다.

푸터에 있는 사이트 맵(컴퓨터: 웹)   **사이트 맵(스마트폰: 웹)**

애플 웹사이트(컴퓨터 버전과 스마트폰 버전)의 예시. 모두 페이지 끝에 사이트 맵이 상설되어 있다. 스마트폰 버전에서는 아코디언 메뉴로 수납형 인터페이스를 구현했다.

https://www.amazon.co.jp/   https://www.ibm.com/jp-ja

언어 전환과 국가 전환

언어와 국가를 전환하는 기능은 서비스의 어디에서든 사용될 가능성이 있다.

https://www.connox.com/   https://www.postalmuseum.jp/

앱과 SNS 도구

앱과 SNS 도구의 존재를 알려 주는 것은 필수적이지는 않지만 중요하다.

https://www.actus-interior.com/   *http://kakaku.com/*

그룹 기업 소개

푸터는 관련 있는 그룹 정보를 게시하는 데 적합한 곳 중 하나다.

https://www.jernhusen.se/   *https://happy-photo-studio.jp/*

연락처와 연락 수단 제공

연락처 배너 또는 직접 연락할 수 있는 입력 형식과 같은 연락 수단이 있어도 된다.

6-5 탐색 경로의 역할과 기능

탐색 경로는 사용자에게 사이트의 계층을 알려 주고, 그 페이지가 어디에 있는지를 정확하게 이해하도록 보여 주는 내비게이션이다. 특히 대규모 사이트에서는 전체 계층을 얕게 유지하는 것이 구조적으로 어려워서 탐색 경로를 설치하는 것이 효과적이다.

탐색 경로에서는 '>' 또는 '/' 등과 같은 구분 문자를 사용해서 메인 화면부터 현재 페이지까지의 전체 계층을 텍스트로 표현한다. 계층이 아무리 깊어지더라도 메인부터 현재 위치까지의 모든 경로를 표시하는 것이 기본이다. 탐색 경로의 주요 역할이 '현재 위치 명시'와 '도달 경로로 이동'이기 때문이다.

특히 컴퓨터에서는 탐색 경로 설치 장소로 화면 윗부분 헤더 근처를 주로 사용했다. 애플 웹사이트처럼 화면 아래의 푸터 근처에 설치해도 기능 면에서 전혀 문제가 없다. 한편 스마트폰에서는 화면 영역이 제한적이므로 탐색 경로를 화면 윗부분에 두는 것을 주저하게 된다. 또한 일시적인 용도로 스마트폰을 쓸 때도 많아서, 탐색 경로의 주요 역할인 '현재 위치 명시'가 컴퓨터에서만큼 요구되지 않는다. 그래서 탐색 경로를 화면 아래의 푸터 근처에 두는 것도 나쁘지 않다.

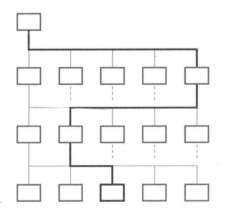

계층과 탐색 경로

탐색 경로는 현재 위치까지의 계층 구조를 표현한다. 즉 메인 화면부터 현재 페이지까지 모든 경로를 표시해야 한다.

머티리얼 디자인(material.io)(컴퓨터: 웹)

애플 웹사이트(컴퓨터: 웹)

반대로 스마트폰용 카카쿠닷컴처럼 의도적으로 화면 윗부분에 탐색 경로를 상설해서 주요 동선을 안내하는 역할을 맡게 하는 방법도 있다. 탐색 경로를 이용한 내비게이션은 슬라이드 메뉴에 뒤지지 않는 대체 수단이 될 잠재력을 지니고 있다.

애플 웹사이트(iOS: 아이폰)

카카쿠닷컴(iOS: 아이폰)

스마트폰의 탐색 경로

화면 크기가 제한적이므로 스마트폰에서는 탐색 경로를 화면 아랫부분에 두는 것이 좋을 때가 많다. 반대로 카카쿠닷컴처럼 의도적으로 화면 윗부분에 상설해서 주요 동선 안내 기능을 가지게 할 수도 있다.

여러 형태의 탐색 경로

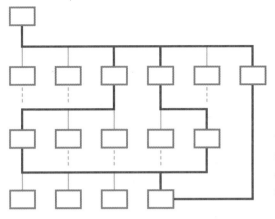

상위 페이지가 여러 개인 경우

어떤 페이지가 여러 상위 페이지나 계층 깊이가 다른 상위 페이지를 가질 수도 있다. 이럴 때는 어떻게 탐색 경로를 표시해야 할까?

어떤 페이지에 대해 여러 도달 경로가 있다면 어떤 탐색 경로를 표현하는 것이 적절할까? 이것은 규모가 큰 서비스에서는 종종 직면하는 문제다.

방법은 3가지다. 첫 번째는 경로와 상관없이 탐색 경로로 표현되는 계층을 우선시하여 하나로 고정하는 '우선형'이다. 여기서는 어떤 경로를 통해 도달하더라도 같은 페이지에서 다른 탐색 경로를 표시하지 않는다. 페이지의 주소를 오직 하나로 확정하는 것이다(현재 대다수 서비스가 이 방식을 채택하고 있다).

두 번째는 여러 탐색 경로를 표시하는 '복수형'이다. 그 페이지에 도달할 수 있는 다양한 경로를 열거할 수 있지만, 보기에 장황해지는 난점이 있다. 세 번째는 경로에 따라 탐색 경로 표시를 전환하는 '변동형'이다. 구현하기 어렵고 사용자가 얻는 이점도 적어서 현재는 찾아보기 힘들다.

우선형

어떤 경로로 그 페이지에 도달해도 탐색 경로 표시는 우선적인 경로 하나만 고정하는 형태.

타베로그(컴퓨터: 웹)

https://tabelog.com/

복수형

그 페이지에 도달할 수 있는 경로를 모두 열거하는 형태.

라쿠텐(컴퓨터: 웹)

https://www.rakuten.co.jp/

코녹스(컴퓨터: 웹)

https://www.connox.com/

변동형

그 페이지에 도달한 경로에 따라 탐색 경로가 동적으로 변화하는 형태.

베이어다이나믹(컴퓨터: 웹) *지금은 존재하지 않음

https://global.beyerdynamic.com/

6-6 칼럼과 좌우 내비게이션

화면 레이아웃에서 처음 검토해야 할 사항은 화면을 몇 개의 칼럼으로 나눠서 디자인하느냐는 것이다. 칼럼^{column}*이란 '열'을 말하며, 세로 방향의 배열을 의미한다. 참고로 로우^{row}는 '행'이며, 가로 방향의 배열을 뜻한다. 따라서 칼럼 개수는 화면을 세로로 몇 조각내서 레이아웃했는지를 일컫는다.

1칼럼 레이아웃   2칼럼 레이아웃   3칼럼 레이아웃
                                (좌우 반대도 가능)

1칼럼 레이아웃

좌우로 칼럼(영역)을 가지지 않고, 화면 폭 전부를 사용한 세로 스크롤만 있는 레이아웃을 말한다. 지금은 대부분 웹사이트나 앱에서 1칼럼 레이아웃을 사용한다. 이 레이아웃은 히어로 이미지$^{hero\ image}$**를 비롯해 비주얼을 중시하는 최근 경향과 잘 맞는다는 특징이 있다.

https://www.apple.com/mac/   http://cogycogy.com/

---

* 칼럼의 어원은 '기둥'을 의미하는 라틴어 'columna'이다.

** 히어로 이미지는 특히 첫 화면에서 화면 전체를 덮는 큰 이미지를 사용한 디자인을 일컫는다.

1칼럼 레이아웃에서의 패럴랙스 예시

1칼럼 레이아웃에는 좌우에 다른 영역이 없으므로, 사용자의 시선이 메인 콘텐츠에 쏠린다. 연출적인 인터랙션을 사용해서 사용자가 집중하기 쉽다.

http://porschevolution.com/

또한 패럴랙스와 같은 연출적인 인터랙션과 친화성이 높다는 것도 특징이다. 1칼럼 레이아웃에는 좌우 칼럼으로 인한 연출 방해가 없다. 따라서 연출에 대한 사용자의 집중을 기대할 수 있다.

화면 가로 폭이 제한적인 스마트폰에서는 대부분의 서비스가 1칼럼 레이아웃이다. 태블릿이나 컴퓨터에서도 대다수가 1칼럼 레이아웃을 사용한다. 컴퓨터를 1칼럼으로 구성하면 반응형 디자인으로 쉽게 대응할 수 있다. 스마트폰이나 태블릿에서 구조적인 실패를 초래하지 않고 멀티 디바이스에서 전개하기 쉽다는 점도 큰 장점이다.

반응형 디자인

반응형 디자인은 화면 폭에 맞춰서 적절한 표시를 전환하는 기법을 말한다. 화면 폭이 달라지면 그에 적합한 내비게이션이 달라진다는 의미이기도 하다.

http://www.glasvasen.se/

스마트폰   태블릿   컴퓨터

2칼럼 레이아웃

2칼럼 레이아웃은 1칼럼 레이아웃의 좌우 한쪽에 칼럼을 추가한 것이다. 가장 고전적이면서 기본적인 레이아웃이다. 추가된 칼럼에는 계층 구조를 표현하는 로컬 내비게이션이나 필터·정렬 등 보조 내비게이션 또는 광고나 관련 정보 등이 담긴다.

뒤에 소개할 3칼럼 레이아웃에서도 마찬가지지만, 메인 콘텐츠의 좌우 어딘가에 칼럼을 둘 영역이 필요하므로 2칼럼 레이아웃은 화면 가로 폭이 어느 정도 확보되어야 한다. 그래서 컴퓨터에서는 효과적인 레이아웃이지만, 가로 폭을 줄여서 태블릿이나 스마트폰에서 표시할 때는 슬라이드를 함께 사용하는 1칼럼 레이아웃으로 바꿔야 한다.

또한 TV에서도 2칼럼 레이아웃은 효과적인 스타일이지만, 스마트폰 등과 마찬가지로 슬라이드와 조합해서 활용하는 경우가 많아질 것이다.

이베이(컴퓨터: 웹)

이베이 웹사이트의 예시. 어느 정도의 가로 폭까지는 2칼럼으로 표시된다. 더 좁아지면 '1칼럼 레이아웃+왼쪽 슬라이드 메뉴 표시'로 전환된다.

https://www.ebay.com/

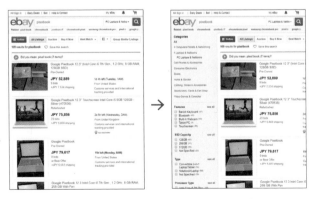

가로 폭을 줄였을 때　　　　**슬라이드 메뉴 표시**

193

유넥스트(안드로이드 TV)

안드로이드 TV용 유넥스트는 언뜻 2칼럼 레이아웃으로 보여도, 실제로는 1칼럼 레이아웃과 왼쪽 슬라이드
메뉴를 조합한 것이다.

3칼럼 레이아웃

3칼럼 레이아웃은 메인 콘텐츠를 한가운데에 두고, 좌우 양쪽에 영역을 확보
한 레이아웃이다. 왼쪽에 계층 구조를 표현하는 로컬 내비게이션, 오른쪽에 관련
정보 등과 같은 보조 내비게이션을 두는 것이 일반적이다.

대량 정보를 취급하는 서비스에서는 특히 효과적인 레이아웃이지만, 상설 표
시하려면 가로 폭이 커야 한다. 컴퓨터 이외의 디바이스에서는 좌우 슬라이드 등
을 활용하지 않으면 구현하기 어려운 레이아웃이라고 할 수 있다.

윈도즈 개발자 센터(컴퓨터: 웹)

대량 정보를 구조적으로 이해하기 쉽게 3칼럼 레이
아웃으로 표시한다.

페이스북(컴퓨터: 웹)

컴퓨터용 페이스북은 3칼럼 레이아웃이지만, 왼쪽을
메뉴, 오른쪽을 광고로 사용한다. 따라서 사실상 스크
롤하는 것은 한가운데 콘텐츠 영역뿐이다.

츠타야 무비(안드로이드 TV)

TV용 츠타야 무비는 왼쪽에 메뉴, 오른쪽에 필터 기
능을 슬라이드로 배치하는 유사 3칼럼 레이아웃을
사용한다.

좌우 내비게이션과 메인 콘텐츠의 위치

주로 컴퓨터나 태블릿에서 사용하는 2칼럼 레이아웃에서 좌우 한쪽에 내비게
이션을 배치한다면, 왼쪽과 오른쪽 가운데 어느 쪽이 적절할까?

예전부터 컴퓨터에서는 내비게이션을 왼쪽에 배치하는 것이 일반적이었다.
이것은 HTML을 '위에서 아래', '왼쪽에서 오른쪽' 순서로 입력할 수밖에 없었던
탓이다. 브라우저에서도 이를 따랐다. CSS를 사용한 레이아웃 제어는 지금보다
훨씬 빈약했다.

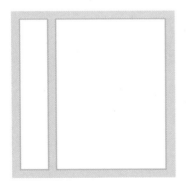
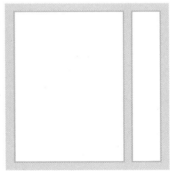

내비게이션과 메인 콘텐츠

'왼쪽에 내비게이션+오른쪽에 메인 콘텐츠'와 '왼쪽에 메인 콘텐츠+오른쪽에 내비게이션'은 각각 어떤
상황에 적합한 레이아웃일까?

2000년대 초반에 내비게이션을 오른쪽에 레이아웃하는 기법이 유행했다. 거기에는 그 시절만의 이유가 있었다. '당시 SEO(검색 엔진 최적화 전문 업체)에서는 HTML에 쓰인 상위 기술(255문자 정도)만이 판단 대상이었다', '당시 CSS 제어로는 오른쪽에서 왼쪽으로 레이아웃하는 것이 어려웠다*', '왼쪽이 오른쪽보다 눈에 잘 띈다', '오른쪽이면 (화면 끝에서 콘텐츠가) 끊어질 가능성이 있다', '새로운 레이아웃이라는 느낌'이 그 이유였다.

그 무렵 검색 엔진으로 구글이 널리 알려졌다. 검색 결과의 몇 번째에 자신의 사이트가 나오는지는 무시할 수 없는 지표였다.

이후 오른쪽 내비게이션 레이아웃은 서서히 사라졌다. 어떤 기업 사이트는 오른쪽 내비게이션 레이아웃으로 리뉴얼한 다음, 몇 년 후에 다시 왼쪽으로 내비게이션을 돌려놓았다. 10년 동안 기술은 크게 발전했다. SEO에서 판정하는 HTML의 문자 개수도 상한선이 없어졌고, 대부분의 브라우저에서 좌우 레이아웃을 CSS로 자유롭게 제어할 수 있게 되었다.

새로움은 사라졌어도 '왼쪽이 눈에 잘 띈다', '오른쪽이면 끊어질 가능성이 있다'와 같은 이유는 여전히 남아 있다. 즉 오른쪽 레이아웃의 우위성이 완전히 사라지지 않았다. 그런데 왜 오른쪽 내비게이션 레이아웃은 정착되지 못했을까?

이는 '인덴트indent'와 관련이 있다. 사이트 규모가 어느 정도 커지면, 사이트 전체 구조를 계층으로 표현하는 것이 효과적이다. 이때 계층 표현에서 인덴트가 주로 쓰인다. 문자는 왼쪽에서 오른쪽으로 흐른다. 계층 표현에 사용되는 인덴트란 문장의 앞부분에 공백을 삽입해서 앞 문자를 오른쪽으로 옮기는 '문자 내리기'를 말한다.

웹사이트에서는 계층 표현 수단으로 인덴트를 대체로 사용한다. 인덴트를 사용한 계층 표현이 왼쪽에 있으면, 그것이 가리키는 내용이 오른쪽 콘텐츠를 의미하는 것이 자연스럽게 느껴진다. 반면 계층 표현이 오른쪽에 있으면 그 앞, 즉 화면 오른쪽 끝에 아무것도 없어서 부자연스럽게 느껴진다.

---

* HTML 기술 순서와 관계없이 콘텐츠 좌우에 자의적으로 배치하려면, CSS로 플로트float 제어를 해야 하며, 브라우저 측에서도 대응해야 한다(IE는 6.0 이상).

이베이(컴퓨터: 웹)

왼쪽 그림은 이베이의 검색 결과 화면. 오른쪽 이미지는 내비게이션을 메인 콘텐츠의 오른쪽으로 옮긴 것이다. 오른쪽에 내비게이션의 계층 구조를 표시하는 것은 어색하다.

https://www.ebay.com

그렇다고 하더라도 오른쪽 내비게이션이 확실하게 우위를 지키는 영역이 있다. 바로 뉴스나 블로그와 같이 기사를 중심으로 하는 사이트다. 이런 사이트에서는 서비스 전체 구조보다 콘텐츠가 사용자의 눈에 잘 띄는 것이 중요하다. 즉 구조보다 콘텐츠의 중요성이 크다면, 왼쪽 내비게이션의 우위는 옅어지고, 메인 콘텐츠를 왼쪽에 배치하게 된다.

야후 뉴스(컴퓨터: 웹)

뉴스와 블로그와 같은 기사 중심 서비스에서는 콘텐츠 부분은 왼쪽, 내비게이션을 포함한 나머지 내용은 오른쪽에 배치한다.

https://news.yahoo.co.jp/

슬라이드: 화면 제한에 대처하는 현명한 방법

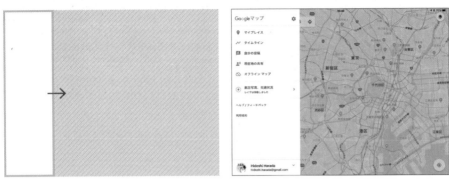

슬라이드

구글 지도(iOS: 아이패드)

슬라이드는 화면 좌우에서 영역을 전개하는 인터페이스다. 화면 위에 새로운 영역을 덮어서 표현하거나 화면 전체를 옆으로 옮겨서 숨겨진 영역을 표시하는 등 2칼럼이나 3칼럼 레이아웃처럼 구성할 수 있다.

슬라이드 용도는 주로 2가지다. 하나는 화면 영역의 제한에 대처하기 위해서다. 스마트폰처럼 화면 좌우 폭이 충분하지 않아도 2칼럼·3칼럼 레이아웃에 대응할 수 있다. 또 하나는 메인 콘텐츠를 가장 먼저 눈에 띄게 표현하기 위해서다. 이때 항상 표시할 정도는 아니라도 보조 정보나 내비게이션을 슬라이드 안에 넣어 둘 수 있다.

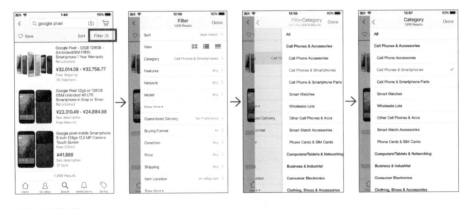

다층식 슬라이드
이베이 앱(iOS: 아이폰)의 사례. 필터 기능을 다양하게 실현하고자 슬라이드 메뉴가 2층 구조로 되어 있다. 복잡한 구조이지만 뛰어난 인터랙션으로 사용하기에 어렵지 않다.

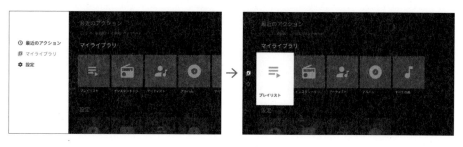

구글 플레이 뮤직(안드로이드 TV)

구글 플레이 뮤직처럼 구글에서 만든 안드로이드 TV용 앱은 왼쪽 슬라이드 메뉴를 표준으로 활용한다. 처음에는 포커스가 왼쪽 슬라이드 메뉴에 있다.

화면 영역 제한에 대처하기 위한 슬라이드는 많은 스마트폰 앱에서 볼 수 있다. 햄버거 메뉴로 화면 좌우를 슬라이드해서 카테고리나 필터를 표시한다. 다만 깊은 계층 구조 등을 슬라이드 안에서 표현하는 것은 어렵다. 따라서 예로 든 이베이 앱처럼 다층식 슬라이드 등을 사용하여 대응할 수도 있다.

메인 콘텐츠 표현에 주력하는 슬라이드는 지도 정보나 이미지 목록처럼 메인 콘텐츠를 가능한 한 넓게 표시하고 싶을 때 사용한다. 앞에서 예로 든 구글 지도에서는 지도를 크게 표시하는 것이 사용자에게 가장 중요하다. 따라서 교통 정보나 노선도 표시 옵션 등은 슬라이드 안에 넣어 둔다.

넷플릭스는 작품 일람성을 중요시한다. 따라서 카테고리로 범위를 좁히거나 마이 페이지 등을 전부 슬라이드 안에 넣어 둔다. 메인 콘텐츠는 작품 목록 표시에 거의 특화되어 있다.

넷플릭스(iOS: 아이패드)

넷플릭스는 디바이스와 상관없이 작품 목록이 최대한 많이 보이는 것을 중시한다. 그래서 카테고리와 필터 등의 추가 기능을 전부 슬라이드 안에 넣어 둔다.

슬라이드를 여닫을 때 자주 사용하는 '≡' 모양의 아이콘은 햄버거처럼 보인다고 해서 '햄버거 메뉴'로 불린다. '연상하기 어렵다', '안에 뭐가 있는지 알 수 없다'는 등, 이 아이콘을 인터페이스로 사용하는 데 대한 회의적인 의견이 많다.

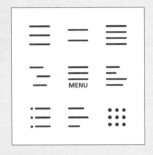

햄버거 메뉴

지금 사용해서 안 된다고 여겨지는 것이 3년이나 5년이 지난 후에도 과연 똑같은 평가를 받을까? 어쩌면 시간이 지나서 널리 알려진 공통 개념이 되면 이러한 문제가 없어진다고 생각할 수도 있다. 예를 들어 저장을 의미하는 아이콘은 현재 존재조차 알지 못하는 사람이 있을 정도인 플로피 디스크다. 이미 익숙해진 '윈도즈의 시작 메뉴'는 정말 좋은 인터페이스였을까?

저장 아이콘

시간과 함께 햄버거 메뉴에 대한 평가는 변할 것이다. 앞으로 스마트폰 인터페이스에서 슬라이드를 사용하지 않으리라고 생각하기는 어렵다. 뭔가가 그 역할을 맡아야 할 것이고, 그것이 자연스러운 일이라고 생각한다.

구글 플레이(안드로이드)
구글이 만든 안드로이드용 앱에서는 햄버거 메뉴를 표준 인터페이스로 사용한다.

유튜브(컴퓨터: 웹)
컴퓨터용 유튜브에서는 글로벌 내비게이션에 해당하는 메뉴 부류를 전부 슬라이드 안에 넣었다. 그래서 출발점으로 햄버거 메뉴를 사용한다.

6-7 오버레이와 인레이

오버레이^{overlay}와 인레이^{inlay}는 모두 끼어들기에 관한 인터페이스다. 화면 위를 덮듯이 끼어드는 것이 오버레이, 화면 속에 삽입되듯 끼어드는 것이 인레이이다.

오버레이: 화면 위를 덮듯 전개되는 인터페이스

오버레이

라이트박스2lightbox2

오버레이란 화면 위를 덮는 수직 방향 끼어들기를 말한다. 팝업이라고도 부른다. 화면을 전환하지 않고, 일시적으로 다른 행동을 할 수 있는 것이 오버레이의 특징이다. 오버레이 아래에는 원래 페이지가 그대로 남아 있다. 따라서 오버레이를 닫으면 직전 상황으로 돌아갈 수 있다.

넷플릭스(iOS: 아이패드)

아이패드용 넷플릭스에서는 작품 상세 정보를 오버레이로 표시한다. 오버레이 안에 있는 닫기 버튼이나 오버레이 바깥을 탭해서 오버레이를 해제할 수 있다. 그러면 직전의 조작 상태로 금방 돌아간다.

캘린더(iOS: 아이폰)

전면 오버레이

아이폰용 캘린더의 '일정 추가' 조작에는 전체 화면이 끼어드는 형태의 오버레이를 사용한다. 전체 화면 표시를 사용하면 그 작업에만 집중하는 효과를 얻을 수 있다.

오버레이에는 '전체 화면으로 끼어드는 형태'와 '부분적으로 끼어드는 형태'의 2가지가 있다. 전체 화면으로 끼어드는 형태는 사용자의 조작과 의식을 오버레이에 강제로 고정할 수 있다. 그리고 오버레이 안에서는 스크롤이나 페이징도 가능하므로, 여러 페이지로 이루어진 단계를 하나의 오버레이로 표시할 수도 있다.

앱 설치 후에 처음 사용할 때 뜨는 안내 사항이 이러한 효과를 이용한 사례다. 안내를 다 보거나 오버레이를 강제로 닫지 않는 이상 서비스를 시작할 수 없다.

뉴스 픽NewsPick(iOS: 아이폰)

앱 작동 초기의 단계별 안내

오버레이에는 조작을 강제할 힘이 있어서, 작동 초기의 단계 표시에 사용한다. 처리를 끝내지 않는 이상, 앱을 시작할 수 없다.

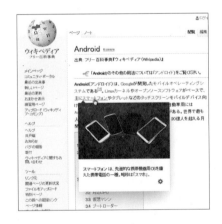

위키피디아(wikipedia.org)

위키피디아에서는 기사 안의 링크에 마우스 포인터를 올리면, 링크 대상의 개요를 작은 창을 사용한 오버레이로 표시한다.

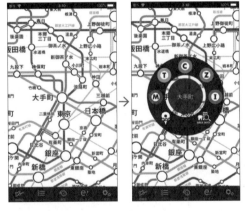

메트로터치(iOS: 아이폰)

메트로터치에서는 역마다 갈아탈 수 있는 노선 선택지를 독특한 원형 오버레이로 표시한다.

    부분적으로 끼어드는 형태의 오버레이는 사용자의 조작을 뺏지 않고 열리는 도구 팁(작은 창)에서 볼 수 있으며, 주로 보조 용도로 사용된다. 예로 든 위키피디아의 링크에서는 마우스 오버 시 링크된 페이지의 개요를 작은 창에 표시한다.

마우스 오버를 옮기면 창은 자동으로 닫힌다. 전체 화면 오버레이가 아닌 부분적으로 끼어드는 것에 그치기 때문에 사용자의 편리성을 향상할 수 있다.

　메트로터치에서는 역을 탭하면 갈아탈 수 있는 노선을 원형 오버레이로 표시한다. 오버레이로 선택지를 표시하면, 원래 필요했을 화면 전환을 한 번 줄여서 경쾌한 조작감을 선사한다.

인레이: 화면 안에 끼어들듯 전개되는 인터페이스

인레이

구글 이미지 검색

　인레이란 화면 안에 삽입되듯 끼어드는 것이며, 사용자의 의사로 자유롭게 여닫을 수 있는 정보 영역이다. 전개하면 숨겨져 있던 정보를 표시한다. 인레이는 전체 화면 오버레이처럼 사용자로부터 강제로 조작을 뺏지 않으며, 영역을 열어둔 채로 내버려 둬도 조작을 계속 진행할 수 있다. 또한 오버레이와 달리 인레이는 콘텐츠를 밀어 내리므로, 페이지 위에서 겹쳐지지 않는다.

인레이는 수를 제한하여 항상 하나만 전개하거나, 동시에 여러 개를 전개할 수도 있다. 앞에서 예로 든 구글 이미지 검색에서는 인레이로 전개할 수 있는 영역을 항상 하나로 제한한다. 다른 곳에서 전개하면 그때까지 열려 있던 인레이는 자동으로 닫힌다. 보기에 간결할지라도 다른 인레이 안에 있는 내용과 비교하고 싶을 때는 꽤 불편하다.

코녹스(connox.com)의 배송 정보
해외 인테리어 용품 판매업체인 코녹스에서는 여러 나라로 제품을 배송한다. 그래서 delivery(배송)에 관한 정보는 방대하다. 코녹스는 아코디언 메뉴를 사용해서 간략하게 정리한다.

인레이 중에서도 제목 텍스트 부분이 주름상자처럼 나열된 인터페이스를 **아코디언**이라고 한다. 필요한 상세 정보만을 화면 위아래로 전개하므로 방대한 정보를 취급하는 서비스에서 특히 중요시하는 인터페이스다.

아코디언의 특징은 사용자가 상세 정보를 보기 전에 전체 모습을 파악할 수 있다는 점이다. 예로 든 코녹스 배송 정보 페이지의 분량은 60쪽이나 된다. 매우 길지만 제목 텍스트만 아코디언으로 전개하므로 페이지 전체 내용을 금방 파악할 수 있다. 그 속의 정보가 자신의 목적과 관계 있느냐가 분명해지므로 사용자는 흥미를 느낀 부분에 직접 접근할 수 있다.

아코디언은 콘텐츠 제목뿐 아니라, 카테고리 트리$^{category\ tree}$ 표시와 같은 내비게이션으로도 활용할 수 있다. 스마트폰처럼 화면 좌우 폭이 제한적이더라도 매우 유용한 인터페이스가 된다.

푸터에 있는 사이트 맵

애플 웹사이트(스마트폰)의 예시. 푸터의 사이트 맵에는 아코디언을 사용한다.

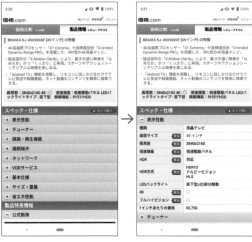

제품 사양 상세 전개

카카쿠닷컴 웹사이트(스마트폰)의 예시. 제품 사양 정보는 방대해지기 쉬우므로 아코디언을 사용해서 제목 부분만 제시한다.

윈도즈 개발자 센터

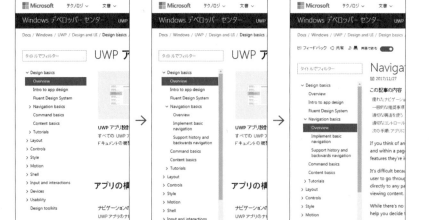

아코디언은 카테고리 트리의 내비게이션으로도 활용할 수 있다. 마이크로소프트의 윈도즈 개발자 센터 웹사이트에서는 방대한 카테고리 정보를 아코디언으로 제어한다.

6-8 스크롤과 페이징

스크롤은 무단계로 화면이 변화하는 것을 의미한다. 반면 페이징은 단계적으로, 특히 화면 단위로 페이지가 전환되는 것을 일컫는다. 스크롤과 페이징은 기본적으로 직교하는 관계다. 따라서 스크롤이 세로라면 페이징은 가로가 된다. 스크롤은 화면의 '긴 변'과 친화성이 높고, 페이징은 화면의 '짧은 변'과 친화성이 높다(가로 방향 스크롤이나 세로 방향 페이징 인터페이스도 존재한다).

스크롤과 페이징

위쪽은 구글 뉴스 앱(안드로이드), 아래쪽은 안드로이드 8의 홈 화면이다. 모두 화면 위아래로 스크롤하고 좌우로 페이징한다. 스크롤은 화면의 긴 변 방향, 페이징은 짧은 변 방향에 친화성이 높은 인터페이스다.

페이징만
안드로이드 8.0
(홈 화면)

스크롤만
안드로이드 8.0
(앱 목록)

스크롤: 연속성을 가진 화면 표시 방법

스크롤

구글 이미지 검색

스크롤이란 무단계로 화면이 연속해 변화하는 움직임이다. 스마트폰이 보급되고 디바이스 사양이 높아지면서 매우 긴 스크롤이 필요한 페이지가 넘쳐 났다. 움직임이 직선적인 스크롤은 패럴랙스 등의 연출적인 인터랙션과도 친화성이 높다.

한편 스크롤은 연속성이 있어 정밀한 이동이 가능하다는 이점도 있다. 즉 망라성이 높아서 페이지 전반을 세세하게 살피는 데 유용하다. 예를 들어 사이트 맵 페이지 등은 아무리 길어도 한 장의 스크롤로 구성되므로, 페이징 형태로는 만들 수 없다.

스크롤은 크게 2가지로 분류할 수 있다. 페이지의 끝이 있는 일반적인(유한한) 스크롤과 끝이 없는 무한 스크롤이다. 일반적인 스크롤에는 특별한 사항이 없으므로, 무한 스크롤의 특징을 살펴보도록 하자.

무한 스크롤

무한 스크롤incremental scroll이란 콘텐츠의 이어지는 내용을 무제한으로 표시하는 스크롤이다. 스크롤이 콘텐츠 끝에 도달하면 자동으로 다음 콘텐츠를 읽어 들인다. 또는 사용자가 '더 보기'와 같은 버튼을 누르면 다음 콘텐츠를 읽어 들인다. 페이스북, 트위터 같은 SNS나 구글의 검색 결과 등 현재 일반적으로 사용하는 인터페이스다.

무한 스크롤:
콘텐츠 읽어 들이는 중

이어지는
콘텐츠를 표시한다

무한 스크롤은 클릭이나 탭할 필요 없이 스크롤로 충분하므로, 사용하기 경쾌하다는 이점이 있다. 특히 스마트폰에서는 세로가 긴 화면과 잘 맞아서 무한 스크롤의 친화성이 강해진다. 또한 화면이 전환되지 않으므로 의식이 끊어지지 않고 집중해서 콘텐츠를 계속 좇을 수 있다. 무한 스크롤은 텍스트 중심 콘텐츠뿐 아니라, 인스타그램이나 핀터레스트처럼 이미지 중심 서비스에서도 큰 효과를 발휘한다.

구글 검색(안드로이드: 웹)　　인스타그램(iOS: 아이폰)　　핀터레스트(iOS: 아이폰)

스마트폰용 구글 검색 결과는 세로로 '더 많은 검색결과 보기'라는 형태로 표시된다. 인스타그램과 핀터레스트처럼 이미지 중심 서비스에서도 무한 스크롤은 친화성이 높다.

무한 스크롤의 난점은 이점과 같거나, 때에 따라 그보다 더 많을 수 있다. 우선 무한 스크롤에서는 사용자가 **모든 콘텐츠를 볼 수 없다**는 문제가 있다. 사용자가 페이지를 스크롤할수록 더 많은 콘텐츠가 같은 페이지 위에 읽어 들여진다. 이에 따라 디바이스의 메모리가 압박되어 동작이 느려지며, 어느 시점에서는 실질적 한계가 찾아와 더는 진행하기 어려울 수 있다.

또한 자동으로 읽어 들이는 형태의 무한 스크롤에서는 **푸터를 사용할 수 없다**는 문제도 있다. 페이지 끝부분에 도착하자마자 새로운 콘텐츠를 읽어 들이므로 푸터가 화면 밖으로 밀려나 버리기 때문이다('더 보기' 형태의 무한 스크롤이라면 문제없다).

왼쪽의 핀터레스트(컴퓨터: 웹)를 살펴보면, 화면을 스크롤해서 콘텐츠의 끝에 도달한 순간, 새로운 콘텐츠를 표시한다. 그래서 모든 콘텐츠와 푸터를 볼 수 없다. 아래쪽의 페이스북에서는 이를 피하고자 푸터 요소를 화면 오른쪽 영역에 표시한다.

모든 콘텐츠와 푸터를 볼 수 없다

페이스북에는 오른쪽 영역에 푸터 요소가 있다

무한 스크롤의 가장 큰 난점은 **뒤로 가기 버튼과의 친화성이 나쁘다**는 것이다. 어느 정도 페이지를 스크롤한 다음에 링크를 통해 화면을 전환하고, 거기서 뒤로 가기 버튼을 누르면 대체로 스크롤 전의 '최초 상태'로 돌아간다.

최초 상태에서 스크롤한 후에 선택한 대상이 있다면, 이동 전 상태로 돌아가기 위해 다시 같은 스크롤을 반복해야 한다. 이것은 기술적으로 해결하기 어려운 과제다(불가능하지는 않다). 이에 대한 기술적인 대응책으로 무한 스크롤 시 전환되는 곳을 '오버레이로 표시'하거나 '다른 창에서 전개'하는 것을 예로 들 수 있다.

트위터(컴퓨터: 웹)

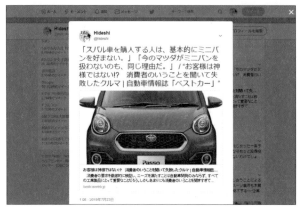

상세는 오버레이로 표시

결론적으로 무한 스크롤은 콘텐츠를 자세히 살피는 것보다, 그 순간에 잠시 사용하기에 적합하다. 디바이스 관점에서는 컴퓨터보다 스마트폰이 무한 스크롤에 적합할 것이다. 또한 콘텐츠 관점에서는 SNS처럼 시사적인 서비스가 무한 스크롤에 적합할 것이다.

페이징: 단계적인 화면 전환 방법

페이징

사진(iOS: 아이패드)

페이징은 페이지를 단계적으로 화면 단위로 전환하는 것이다. 페이징의 특징
은 화면이 한 번에 전환되는 것이므로, 페이징마다 구분(경계)이 분명하게 존재
한다. 표시하는 콘텐츠가 무한하지 않다면 지금 보이는 페이지가 전체에서 몇 번
째인지를 표시할 수 있다.

가장 표준적인 (그리고 고전적인) 페이징은 검색 결과 등에서 사용하는 번호
매기기, 즉 페이지네이션^{pagination} 인터페이스다. 이런 인터페이스에서는 콘텐츠
전체 양과 현재 페이지의 위치가 사용자에게 보인다.

스크롤이 끝없는 연속성을 가진 것과 달리, 페이징의 단계적 전환은 사용자에
게 전체에 대한 현재 위치의 기준, 목적지까지의 전망, 중단 시 도달한 현재 위치
를 보여 줄 수 있다. 페이징은 스크롤보다 사용자가 조종하고 있다는 느낌으로
조작할 수 있는 인터페이스다.

구글 검색(컴퓨터: 웹)

가장 표준적인 페이징

검색 결과에 번호를 매기는 것(페이지네이션)이 가장 고전적인 페이징 기법이다. 페이징은 전체 속에서 현재 위치를 보여 주므로, 사용자가 제대로 제어하고 있다는 기분으로 조작할 수 있다.

페이지네이션 기능

스크롤이 세로 방향과 친화싱이 높은 것과 반대로, 페이징은 가로 방향과 친화성이 높다. 대체로 스크롤이 세로 방향 움직임을 독점하기 때문에, 남은 방향인 가로 방향을 페이징이 사용할 수밖에 없다는 측면에 기인한다. 하지만 오른쪽의 플립보드Flipboard처럼 세로 방향 페이징도 적지 않게 존재한다. 페이징 방향은 원래 가로세로 어디라도 상관없다. 카드 형태의 콘텐츠 등에서는 이를 염두에 둘 필요가 있다.

날씨(iOS: 아이폰)

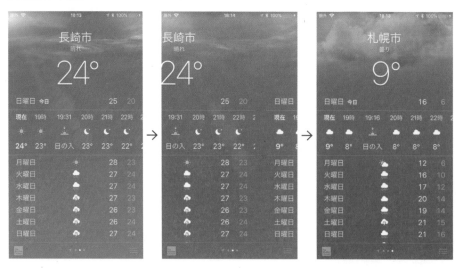

가로 방향 페이징

세로 스크롤일 때 페이징은 가로 방향이 된다. 날씨 앱에서는 좌우로 스와이프해서 전체를 다음 화면으로 전환할 수 있다.

플립보드(iOS: 아이폰)

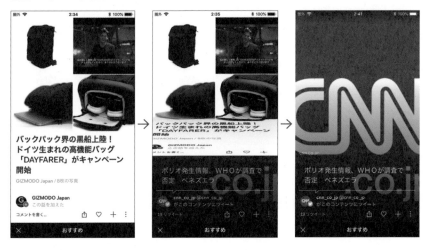

세로 방향 페이징

스크롤이 없다면 페이징은 가로세로 어느 방향이든 상관없다. 플립보드에서는 세로 방향 페이징을 사용한다.

또한 페이징은 탭이나 기능 전환과의 친화성도 높다. 원래 페이징은 화면을 한 번에 전환하는 인터페이스이므로, 큰 분류나 기능을 전환하는 역할과 잘 맞는다. 아래에 예로 든 스마트 뉴스에서는 대분류에 해당하는 윗부분 탭 전환을 좌우 스와이프 페이징으로도 조작할 수 있다. 페이징paging이라는 글자 그대로 종이를 넘기듯 탭을 전환하는 인터페이스 조작감은 이 앱의 큰 장점이다.

스마트 뉴스(iOS: 아이폰)

탭 전환과 페이징

탭하면 종이를 넘기는 인터랙션과 함께 화면이 이동한다. 이런 인터랙션에서는 사용자가 좌우 스와이프로도 탭 전환(페이징)이 가능함을 알아차릴 수 있다.

무한 페이징

스크롤에 무한 스크롤이 있다면, 페이징에는 무한 페이징이 있다. 아래에 예로 든 구글 뉴스처럼 대상이 되는 콘텐츠(여기서는 뉴스 기사)가 사실상 무제한으로 존재한다면, 페이징으로 기사를 계속 전환해도 끝나지 않는다. 당연한 이야기지만, 전체 기사 개수를 표시할 수 없으므로 번호 매기기(페이지네이션)도 없다.

구글 뉴스(안드로이드)
뉴스 기사는 사실상 무한히 존재하므로, 구글 뉴스 페이징은 무한 페이징이라 할 수 있다.

구글 포토(안드로이드)   상세 화면을 페이징 중

무한 스크롤에서 존재했던 여러 단점은 무한 페이징에는 해당하지 않는다. 즉 푸터를 사용할 수 없거나 동작이 느려지거나 뒤로 가기를 눌러도 같은 곳으로 돌아가지 못하는 등의 문제가 일어나지 않는다. 또한 스크롤 못지않게 연속한 페이징 조작이 경쾌한 것도 장점이다. 수만 점의 사진을 스마트폰에서 살펴보는 조작도 사실상 무한 페이징에 가깝다고 볼 수 있다.

스크롤과 페이징의 경계

지금까지 스크롤와 페이징의 차이를 살펴봤다. 그렇다면 이 2가지는 어떤 상황에서 사용해야 할까?

구글 검색 결과는 컴퓨터에서는 페이징으로 표시되지만, 스마트폰에서는 2018년부터 무한 스크롤 형태로 표시된다. 이것은 두 디바이스의 특성과 사용 상황으로부터 인터페이스를 개별적으로 최적화했기 때문일 것이다.

구글(컴퓨터: 웹)

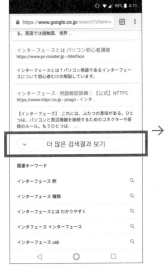 

구글(안드로이드: 웹)

구글 검색 결과를 컴퓨터 브라우저에서는 페이징으로, 스마트폰 브라우저에서는 무한 스크롤 형태로 표시한다. 각 디바이스의 목적과 상황에 맞게 최적화한 결과라고 볼 수 있다.

컴퓨터에서는 정보를 자세히 찾을 때가 많다. 그래서 페이지네이션 기능을 가진 페이징이 적합할 것이다. 이에 비해 스마트폰에서는 빠르고 간편하게 정보를 찾아서 간단한 조작으로 콘텐츠를 읽어 나간다. 그래서 인터페이스로서의 단점을 받아들이면서도 무한 스크롤을 채택한 것으로 보인다.

즉 목적과 상황에 따라 적합한 인터페이스가 달라진 것이며, 이를 통해 서비스에서 일률적으로 답이 정해지지 않음을 알 수 있다.

JB프레스(jbpress.ismedia.jp)   마지막 페이지 끝부분

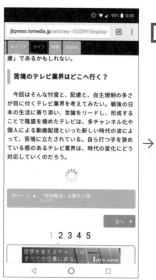 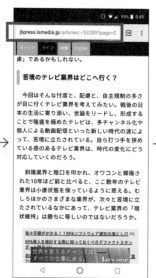 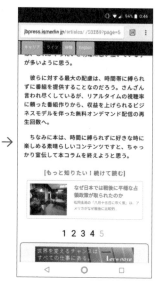

긴 스크롤에서 볼 수 있는 자동 페이징
JB프레스의 기사 페이지에서는 화면을 스크롤해서 끝부분에 도달하면 자동으로 다음 페이지를 읽어 들인다. 이때 URL도 함께 변한다. 즉 페이지네이션과 같은 처리를 스크롤이 자동으로 수행한다.

스크롤과 페이징 양쪽의 특성을 고려해서 잘 조합한 사례도 있다.

스마트폰에서 보는 뉴스 기사는 자칫하면 늘어져 보일 수 있다. 따라서 여러 페이지로 나눠서 표시하는 것이 일반적이다(액세스 수를 늘리기 위한 측면도 있지만). 페이지를 나눴기 때문에 불편할 수밖에 없다.

반면 JB프레스의 스마트폰용 웹사이트에서는 페이지 끝에 도달하면 자동으로 다음 페이지를 읽어 들이지만, 동시에 URL도 변경해서 페이징과 같은 처리를 한다. 그래서 페이지 내 링크를 통해 외부 페이지로 이동해도 URL을 이용해서 같은 페이지 도중으로 돌아올 수 있다. 무한 스크롤의 단점을 배제하고 페이징 처리를 스크롤로 보완해서, 사용자에게 가장 적합한 인터페이스를 제공하는 좋은 사례라고 할 수 있다.

캐러셀

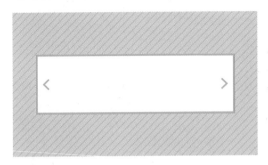

캐러셀

넷플릭스(iOS: 아이패드)

캐러셀carousel*은 부분적인 가로 스크롤 또는 페이징이다. 즉 유한한 콘텐츠를 위한 가로 스크롤이며, 콘텐츠를 무한히 읽어 들이지는 않는다. 끝에 도달하면 처음으로 돌아가거나 끝에서 머무른다. 또한 스크롤 방향이 가로이므로 텍스트보다 이미지 같은 비주얼 콘텐츠에 적합하다(텍스트는 세로로 흐르려는 특성이 있으므로**).

캐러셀의 장점은 화면 크기 제약을 받지 않고 많은 콘텐츠를 실을 수 있는 공간 절약성이다. 또한 캐러셀을 여러 개 설치해도 구조적으로 실패하지 않고 동작한다. 얼마큼의 콘텐츠가 캐러셀에 담겨 있는지를 보여 주는 단서가 있다면, 사용자에게 더욱 유용할 것이다.

---

* 캐러셀이라는 단어는 원래 회전목마를 의미한다.

** 텍스트가 세로로 흘러가려는 특성에 관해서는 '6-9: 스크롤 방향을 결정하는 것들'을 참조할 것.

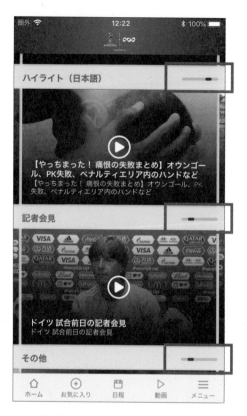

구글 플레이(안드로이드)

구글 플레이에서는 많은 앱을 여러 단계의 캐
러셀로 소개한다.

NHK 월드컵(iOS: 아이폰)

NHK 월드컵 앱에서는 캐러셀마다 전체 내 현재 위
치를 표시한다.

베이호텔 도큐(컴퓨터:웹)

전체 이미지 전환도 일종의 캐러셀
이다. 전체적으로 몇 개의 종류가 있
고, 지금 몇 번째를 표시하고 있는지
를 도트 인디케이터dot indicator로
표현한다.

어느 영역이 캐러셀인지(가로 스크롤인지)를 어떻게 구별할 수 있을까? 이를 위해 끝부분의 이미지를 일부러 잘린 채 표시하거나, 도트 인디케이터나 좌우 화살표 아이콘처럼 시각적으로 판단할 수 있는 단서가 필요하다.

무한 패닝

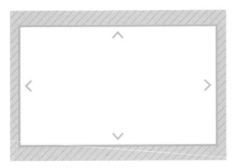

패닝

구글 지도(컴퓨터: 웹)

무한 패닝incremental panning은 스크롤에서 파생한 것으로, 지도 계열 서비스에서 주로 쓰이는 인터페이스다. 드래그로 상하좌우로 이동해서 화면 안을 자유롭게 움직이듯 조작할 수 있다. 무한 패닝은 전체 화면뿐 아니라, 페이지 안에서 부분적으로 사용할 수도 있다. 지도 서비스에서만 사용하는 인터페이스지만, 아이디어에 따라 새로운 사용법의 여지가 있다.

메트로터치(iOS: 아이폰)

인스타그램(iOS: 아이폰)

구글 어스(iOS: 아이패드)

일반적으로 스크롤이 가로세로 두 방향에 걸쳐 있으면 조작이 어려워진다. 어느 한쪽을 소프트웨어적으로 제어하는 것이 힘들기 때문이다. 세로 스크롤 도중에 가로 스크롤이 발생하면, 기본적으로는 일단 세로 스크롤을 완전하게 멈추어야만 가로 스크롤이 가능하다. 사용자가 예기치 못한 오동작을 유발할 수 있기 때문이다. 또한 두 방향 스크롤은 한 방향 스크롤보다 사용자가 복잡하거나 직감적으로 어렵다고 느끼기 쉽다.

앱 스토어(iOS: 아이폰)

의도하지 않은 스크롤

스크롤 도중의 페이징 조작

스크롤이 끝나지 않으면 페이징할 수 없다. 스크롤이 남아 있는 상태에서 페이징하려고 하면 의도하지 않은 스크롤을 유발할 수 있다.

구글 앱(안드로이드)

의도하지 않은 페이징

중복 페이징

부분적인 페이징과 화면 전체에 대한 페이징이 혼재하는 상황에서는 의도하지 않은 페이징을 유발하기 쉬우므로, 사용자가 조작하는 것이 어려워진다.

6-9 스크롤 방향을 결정하는 것들

콘텐츠를 화면에 다 담을 수 없다면 스크롤이 필요하다. 그렇다면 어느 방향으로 스크롤해야 좋을까? 텍스트라면 별문제가 없다. 텍스트는 왼쪽에서 오른쪽으로 흐른 다음에 줄이 바뀌므로, 스크롤 방향은 반드시 아래쪽이다. 문제는 이미지와 텍스트를 모두 포함하는 요소에서 발생한다. 요소들이 같은 크기로 많이 배열되어 있다면, 적합한 스크롤 방향은 다음의 4가지 요인으로 결정된다.

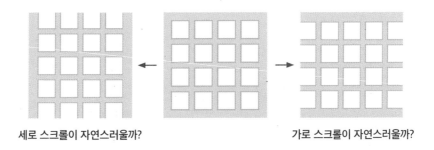

세로 스크롤이 자연스러울까?   가로 스크롤이 자연스러울까?

텍스트의 양

첫 번째는 '텍스트의 양'이다. 앞서 언급한 대로 텍스트는 왼쪽에서 오른쪽으로 (아라비아어 등에서는 오른쪽에서 왼쪽으로) 흐른 다음에 행이 바뀌므로, 결과적으로 아래쪽으로 내용이 이어진다.

유튜브(iOS: 아이패드)
유튜브에서는 동영상 섬네일 이미지뿐 아니라, 동영상 제목이나 개요 등의 텍스트를 함께 표시한다. 텍스트가 있으므로 스크롤은 아래로 향하는 것이 자연스럽다.

구글(iOS: 아이패드)
구글 앱은 사용자에게 어울리는 기사를 소개한다. 필연적으로 텍스트 양이 많고, 스크롤은 아래 방향이 된다.

이렇게 아래로 작용하는 힘은 매우 강해서 텍스트의 양이 많을수록 세로 스크롤이 자연스럽게 느껴진다. 이미지의 제목과 기사 개요는 모두 텍스트다. 이런 텍스트의 많고 적음이 스크롤 방향에 영향을 준다.

화면 형태

두 번째는 '화면 형태'다(이미지의 형태가 아니라 스크린의 형태). 정사각형을 제외하면, 대체로 화면은 세로나 가로 중 한쪽으로 긴 형태다. 이런 화면의 종횡비가 적으면 별문제가 없지만, 종횡비가 커지면 **화면의 긴 방향으로 스크롤**하는 것이 자연스럽게 느껴진다.

플레이스테이션 스토어(PS4)

TV 화면은 가로가 긴 16:9 고정 사이즈다. 가로로 긴 화면이라면 스크롤은 가로 방향이 자연스럽다. 플레이스테이션 스토어의 스크롤은 가로 방향이다. 반면 스마트폰은 일반적으로 사용되는 세로 방향으로 스크롤했을 때가 자연스럽다.

구글 포토(iOS: 아이폰)

예를 들어 극단적으로 가로가 긴 화면에서 '100px만큼 세로로 스크롤'한 것과 '100px만큼 가로로 스크롤'한 것을 비교하면, 전자는 화면의 변화량이 많고 후자는 적다. 스크롤로 인해 새로 표시되는 화면의 변화량이 지나치게 많으면, 눈으로 변화를 좇는 것이 부담으로 작용하리라 생각해봄 직하다(이런 방법은 한 번에 전체를 전환하는 페이징에는 해당하지 않는다는 사실에 주의하자).

맥북 프로의 터치바(애플)

가로가 극단적으로 긴 화면의 대표적인 예가 맥북 프로의 터치바다. 터치바는 가로로 스크롤할 수 있고, (당연히) 세로로는 스크롤되지 않는다.

요소 형태

세 번째는 '요소 형태'다. 이미지와 텍스트를 포함하는 블록 모양의 요소가 세로로 길다면 가로 스크롤, 가로로 길다면 세로 스크롤이 적절하다고 볼 수 있다. 이것은 책의 책등에서도 마찬가지다. 책등은 거의 예외 없이 세로로 길다. 따라서 많은 책을 책장에 세워 둔다면 가로로 나란할 것이다. 반대로 책을 눕혀 둔다면 세로로 쌓을 것이다. 이처럼 요소 형태에 따라서 더 많이 담을 수 있는 방향으로 스크롤하는 것이 자연스럽게 느껴진다.

책의 책등

플레이스테이션 스토어(PS4)

위쪽처럼 요소 형태가 세로로 길다면 가로 방향 스크롤을 유도하고, 아래쪽처럼 가로로 길다면 세로 방향 스크롤을 유도한다.

요소 간격

네 번째는 '요소 간격'이다. 이것은 요소 사이의 빈틈으로 인해 생기는 그룹화의 영향이다. 일반적으로 빈틈이 작아질수록 그 요소들은 같은 그룹에 속하는 것으로 간주한다. 반대로 말하면, 빈틈이 클수록 다른 그룹으로 보인다는 것이다. 여러 그룹이 존재할 때 사용자의 시선은 심리적으로 같은 그룹에서 다른 그룹으로 이동해 간다. 그러므로 위아래와 좌우의 요소 간격이 다르다면, **빈틈이 더 큰 쪽으로 스크롤**하려는 심리가 작용한다.

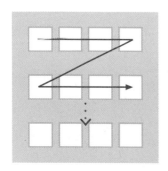
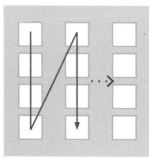

시선 이동

빈틈이 작은 것끼리 같은 그룹으로 보인다. 시선은 같은 그룹에서 다음 그룹으로 이동하기 때문에, 빈틈이 큰 방향으로 스크롤하게 된다.

플레이스테이션 스토어(PS4)

세로로 스크롤하는 화면이지만, 블록 사이의 빈틈을 잘 보면 좌우보다 위아래쪽이 넓다. 이처럼 빈틈의 차이에 따라 사용자가 세로 스크롤을 자연스럽게 느낀다.

요소를 중간에 잘라 스크롤 방향을 암시한다

이제 스크롤 방향을 사용자가 알아차리게 하는 방법을 소개하겠다. 대부분 서비스는 일반적으로 가로 스크롤이 아니라 세로 스크롤을 전제로 만들어져 있다. 요소에 텍스트가 들어가지 않는 상황이 거의 없고, 동영상 시청을 제외하고는 스마트폰을 가로로 눕혀서 사용하는 일이 매우 드물기 때문이다.

그러므로 문제는 세로 스크롤이 아니라, 어디서 가로 스크롤을 할지 정하는 것이다. 이때 효과적인 것이 의도적으로 요소를 중간에 자르는 방법이다. 그러면 그 방향으로는 요소가 이어지므로 스크롤하면 볼 수 있다고 전할 수 있다(물론 가로 스크롤뿐 아니라 세로 스크롤 알림에도 효과적인 방법이다).

앱 스토어(iOS: 아이패드)   가로 스크롤 도중

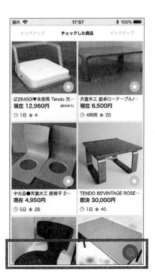

트립(iOS: 아이폰)   야후 옥션(iOS: 아이폰)   구글(안드로이드)

각 앱에서는 요소 일부를 일부러 잘라서 다음 내용이 존재한다는 것을 암시한다. 이를 통해 그 방향으로 스크롤할 수 있음을 사용자에게 전한다.

6-10 요점 정리

인터랙션과 내비게이션은 여러 형태로 존재하며, 적합한 사용 환경도 다양하다. 그러므로 많은 인터랙션과 내비게이션을 미리 알고 이해해 두면 인터페이스 디자인에 도움이 된다.

- 내비게이션이란 인터페이스의 집합체다.
- 콘텐츠의 양·화면 자유도·입력 수단에 따라 적합한 내비게이션은 달라진다.
- 인터랙션에는 이해와 연출이라는 2가지 용도가 있다.
- 이해를 위한 인터랙션은 인지적 부하를 줄인다.
- 연출을 위한 인터랙션은 서비스의 매력을 향상한다.
- 헤더는 브랜드 인지를 위해 서비스에 공통적으로 적용하는 인터페이스다.
- 푸터는 보조 콘텐츠를 담기 위해 서비스에 공통적으로 적용하는 인터페이스다.
- 탐색 경로의 역할은 현재 위치 명시와 도달 경로를 따라 이동하는 것이다.
- 구조를 표현하는 서비스에서는 내비게이션이 왼쪽에 있다.
- 기사 중심 서비스에서는 내비게이션이 오른쪽에 있다.
- 슬라이드란 화면을 더욱 넓게 사용하기 위한 수단이다.
- 오버레이란 화면 위에 끼어드는 것이다.
- 인레이란 화면 안에 끼어드는 것이다.
- 스크롤과 페이징은 직교한다.
- 무한 스크롤은 시사적인 콘텐츠에 적합하다.
- 가로와 세로가 혼재하는 스크롤은 제어하기 어렵다.
- 자연스러운 스크롤 방향은 텍스트의 양·화면 형태·요소 형태·요소 간격으로 정해진다.

7장

디자인 형상화

이번 장에서는 미니멀리즘 디자인과
디자인 가이드라인 등 디자인을
형상화하는 데 있어서 보탬이 되는
내용을 소개한다. 프로토타입과 목업은
머릿속의 이미지와 상상할 수 없었던
현실의 과제를 결합하는 데 도움을 준다.
마지막 부분에는 멀티 디바이스에서
디자인할 때의 요점을 정리한다.

7-1 미니멀리즘 디자인

미니멀리즘 디자인이란 디자인에서 불필요한 요소를 제거해서, 심플하고 명료하며 세련된 디자인으로 완성하는 기법이다. 뛰어난 디자인이라면 여러 가지를 집어넣지 말고, 정말 필요한 것만 남겨야 한다는 사고방식이 미니멀리즘 디자인의 밑바탕에 깔려 있다.

스큐어모피즘에서 미니멀리즘으로

스큐어모피즘^{skeuomorphism}은 실물을 메타포로 하여 현실 세계를 떠올리게 하는 디자인 기법이다. 컴퓨터가 아직 알려지지 않았던 시절에는 사용법을 짐작하게 해 주는 수단으로 효과를 발휘했다. 하지만 대다수 사람이 컴퓨터를 충분히 배운 지금은 다양한 조작 개념을 공통으로 인지하게 되면서 과도한 메타포의 역할과 의미는 희박해졌다.

스큐어모피즘

실물 이미지, 장식, 튀어나온 버튼, 그림자처럼 현실 세계를 떠올리게 하는 디자인 기법. iOS에서는 버전 6까지 스큐어모피즘 디자인을 적용했다.

미니멀리즘

평면적 장식, 심플한 배색 패턴 등 불필요한 것을 최대한 배제한 디자인 기법. iOS에서는 버전 7부터 미니멀리즘 디자인을 인터페이스에 적용했다.

스큐어모피즘을 대신해서 사용하게 된 것이 플랫 디자인으로 대표되는 미니 멀리즘이다. 군더더기 같은 장식이나 요소를 극한까지 배제하여 인지적 부하를 줄이는 기법이다.

많은 사람이 스마트폰을 소유하고 조작의 개념을 알게 되면서 스큐어모피즘 의 필요성은 줄어들었다. 또한 스마트폰으로 대표되는 모바일 디바이스가 그전 보다 더 중요한 디바이스가 되면서, 단순한 디자인이 더 효과적이라고 여겨졌다. 미니멀리즘 디자인은 웹사이트나 앱이 화면을 읽어 들이는 시간을 줄이고, 화면 크기와의 호환성과 같은 이점도 있었다.

미니멀리즘 디자인에서는 평면적 장식, 심플한 배색 패턴, 큼직한 여백 등을 활용한다. 콘텐츠 이외의 요소가 눈에 띄지 않고도 멋있어지려면, 결과적으로 사 용자가 콘텐츠에 집중하도록 유도하는 것으로 이어진다.

플랫 디자인
플랫 디자인은 미니멀리즘의 흐름을 이은 디자인 스 타일이다. 입체감을 배제하고 모든 요소를 평면적으 로 디자인한다.
http://snapsvg.io/

마이크로소프트의 윈도즈 8(모던 UI)

마이크로소프트의 모던 UI[Modern UI]는 대기업이 최초로 작업한 플랫 디자인으 로, 스마트폰인 '윈도즈폰 7'과 그 후의 '윈도즈 8'부터 반영되었다. 현재의 플랫 디자인 유행이 마이크로소프트의 모던 UI부터 시작되었다고 봐도 무방하다(모 던 UI는 런던 지하철의 타이포그래피 이미지로부터 처음에는 '메트로[Metro]'라고 이름 붙여졌다).

윈도즈폰 7은 스마트폰이므로 터치패널로 조작하지만, 윈도즈 8은 컴퓨터에서 사용하므로 마우스 조작을 중심으로 모니터 터치 조작도 함께 사용할 수 있었다. 그래서 모던 UI에서는 패널이나 타일 표현을 채용했고, 터치하는 부분의 크기를 키워서 조작하기 쉽게 했다. 또한 패널의 크기를 확보하면서 패널 안의 개요를 표면에 보여 줘서 입구처럼 기능하게 했다.

20년 가깝게 익숙했던 윈도즈의 디자인에서 크게 쇄신했고 내용도 뛰어난 디자인 체계였지만, 결과적으로는 널리 받아들여지지 못했다. 원인 중 하나로 그때까지의 디자인이나 조작 체계와의 차이가 지나치게 커서 사용자가 강한 저항감을 느꼈던 것을 꼽을 수 있다.

윈도즈폰 7

윈도즈폰 7은 대기업(마이크로소프트)에서 처음으로 플랫 디자인을 적용한 OS다.

윈도즈 8

마이크로소프트는 컴퓨터와 태블릿 양쪽에서 함께 사용할 수 있는 OS인 윈도즈 8을 만들었다. 터치 조작에 대응하고자 시작 화면도 그전까지의 윈도즈와는 크게 바꾸었다.

애플의 iOS7(플랫 디자인)

플랫 디자인이 널리 알려지게 된 데는 애플의 iOS7의 영향이 크다. iOS6까지 조작·비주얼 체계는 스큐어모피즘으로 통일되어 있었다. 미니멀리즘 디자인으로 전체를 통일한 iOS7의 변혁을 모든 사람이 호의적으로 생각하지는 않았다. 그러나 결과적으로 iOS7으로 인해 미니멀리즘 디자인이 널리 쓰이기 시작했다.

iOS6　　　　　　　　iOS7　　　　　　　　iOS12

iOS7의 큰 변화

애플은 iOS6까지 사용하던 스큐어모피즘 디자인을 버리고, iOS7부터 미니멀리즘으로 크게 방향을 돌렸다. 이후에는 큰 변화가 없었고, iOS12까지 미니멀리즘 디자인이 이어졌다.

iOS7의 특징은 먼저 평면적이면서 깊이감을 가진 디자인을 꼽을 수 있다. 이를 위해 그림자가 없는 레이어(층)를 겹친다. 가까운 곳에 초점이 맞으면 투과하듯 깊이가 있음을 표현하고, 이때 먼 쪽은 흐릿하게 초점이 맞지 않지만 존재하고 있음을 표현한다. 홈 화면에서 단말기를 기울이면 아이콘 안쪽의 배경이 패럴랙스(시차 효과)에 따라 미세하게 움직인다.

이러한 것들은 모두 깊이감을 표현하기 위한 iOS의 독자적인 디자인 규칙이다. 겉모습뿐 아니라, 지금 어디에 있는지를 사용자가 느낄 수 있게 반투명한 레이어를 사용한다. 시각적으로는 2차원이지만, 논리적으로는 3차원이라고도 할 수 있는 디자인 규칙이다.

디자인 향상화

날씨(iOS: 아이폰)

애플의 미니멀리즘 디자인은 완전하게 평평하지 않고 어느 정도 깊이감을 부여한다. 반투명 처리를 통해 가까운 것에 초점을 맞추면 멀리 있는 것을 흐릿하게 표현하여 깊이감을 연출한다.

캘린더(iOS: 아이폰)

각 앱 내에서는 평평한 정도가 강하다. 캘린더 앱에서는 휑할 정도로 장식을 배제하고, 핵심 컬러 하나만 사용했다.

이외에 iOS7의 특징으로 단순하게 추상화된 기호, 최대한 억제한 컬러 개수, 선의 활용 등을 들 수 있다. 기본적으로 아이콘을 최대한 배제하고, 텍스트를 두드러지게 만들고, 장식보다 기능을 중시한다. 위에서 예로 든 캘린더처럼 애플 기본 앱은 대부분 이 규칙을 따른다.

반면 장식을 약간 지나치게 배제하면서 '어디를 눌러야 할지 모르겠다'거나 '눌러도 되겠다는 느낌이 들지 않는다'는 문제도 생겨났다. 그렇다고 해도 결과적으로 iOS7은 성공했고, 그 후 미니멀리즘 디자인은 널리 정착되었다.

구글의 머티리얼 디자인

구글이 발표한 미니멀리즘 디자인 체계가 머티리얼 디자인^{Material Design}이다. 머티리얼 디자인은 어떤 디바이스에서도 공통화된 디자인을 실현하고자 만들어졌으며, 안드로이드 5.0 이후의 모든 OS에서 표준적으로 적용되었다.

멀티 디바이스에 대응하는 디자인 시스템

머티리얼 디자인은 다양한 디바이스에 대응하는 것을 목표로 한 디자인 체계다.

https://developer.android.com/about/versions/lollipop

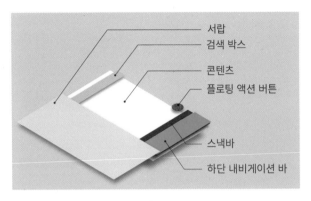

서랍
검색 박스
콘텐츠
플로팅 액션 버튼
스낵바
하단 내비게이션 바

**그림자와 깊이감으로
겹쳐지는 오브젝트**

머티리얼 디자인은 개념적으로는 현실 세계를 따른다. 대상은 크기와 두께를 가지며 서로 겹쳐진다.

　머티리얼 디자인에는 먼저 자연계의 물리 법칙을 따른다는 특징이 있다. 사용자에게 '직감적인 조작 체계를 제공'하기 위해서다. 구체적으로 살펴보자면, 머티리얼 디자인에서는 각 요소를 물질적으로 파악한다. 평면적이긴 하지만 그림자와 깊이를 가지고 서로 상하 관계로 겹쳐진다. 현실 세계에서는 어떤 물질이라도 '두께'가 있고, 위에 올라가면 '겹쳐지는' 법이기 때문이다.

　또한 머티리얼 디자인에서는 '의미 있는 움직임'을 특징으로 한다. 현실 세계에서는 어떤 지점에서 다른 지점으로 이동할 때 순간이동은 있을 수 없다. 어떤 상태에서 다른 상태로의 변화는 단계적이다. 이와 마찬가지로 머티리얼 디자인에서는 위치와 상태가 변화할 때 그에 어울리는 움직임을 동반하는 것을 권장한다. 그편이 사용자에게는 현실 세계와 가까운 움직임이며, 더 이해하기 쉽게 느껴지기 때문이다.

디자인 형상화

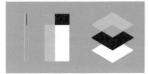

| 머티리얼은 메타포다 | 대담함, 사실적, 의도적 | 의미 있는 움직임 | 유연한 기반 | 크로스 플랫폼 |

머티리얼 디자인의 특징

메타포·대담함·의미 있는 움직임·유연한 기본 개념·크로스 플랫폼 대응이 머티리얼 디자인의 원리다.

https://material.io/design/introduction/

캘린더(안드로이드)

안드로이드 캘린더 앱에서 일정을 탭하면, 선택한 일정은 확대되면서 화면 전체로 전개된다. 오버레이라는 의미 있는 움직임을 사용자에게 제시해 상태 변화에 대한 이해를 돕는다.

미니멀리즘 디자인의 장단점

각 회사에 따라 해석은 달라지지만, 추구하는 미니멀리즘 디자인의 장점에는 모두 공통점이 있다. 먼저 여분을 배제하여 인지적 부하를 줄이고, 사용하기 쉽게 만들 뿐만 아니라, 콘텐츠를 상대적으로 두드러지게 하는 것이다. 또한 읽어 들이는 시간이 줄어들고 화면 크기와의 호환성이 있으므로, 멀티 디바이스에서 공통으로 대응하는 디자인 시스템에 적합하다. 스큐어모피즘에서 미니멀리즘으로 옮겨 가면서 이런 이점을 획득했다고 볼 수 있다.

반면 미니멀리즘 디자인으로 생겨난 문제점도 있다. 먼저 사용자가 클릭할 수 있는 대상인지 구별하기 위해 의지하던 '지각적 단서'가 제거되면서 시니피앙*(기표)이 약해져 버렸다.

미니멀리즘 디자인은 깔끔하고 모던한 인상이지만, 링크와 버튼이 두드러지지 않는 경향이 있다. 미니멀리즘 디자인을 채택한 웹사이트에서는 링크와 버튼을 찾는 데 시간이 걸리게 되었고, 관계없는 부분에 시선이 향하는 일이 많아졌다는 조사 결과**도 있다. 이것은 적절한 범위를 넘어선 미니멀리즘이 오히려 인터랙션 비용을 증가시킨다는 점을 시사한다.

이외에도 여분의 장식이 없어지고 디자인에 속임수가 통하지 않게 되면서 비주얼 디자인의 제작 난도가 더 높아졌다. 정말로 이해하기 쉽고 심플한 미니멀리즘 디자인을 만드는 것은 생각만큼 쉽지 않다. 같은 이유로 다른 디자인과의 차별화가 어렵고, 몰개성화하기 쉽다는 과제도 있다.

미니멀리즘 디자인 포인트

이러한 장단점을 인식하고 미니멀리즘 디자인을 적용할 때 다음과 같은 사항을 주의해야 한다.

● 어디를 누르는지 판별할 수 있어야 한다

미니멀리즘 디자인의 가장 큰 난점은 미니멀해져서 어디를 클릭할 수 있는지 알기 어려워졌다는 것이다. 특히 iOS7 이후의 디자인에서는 버튼을 면이 아닌 경계선으로 표현하거나, 색이 들어간 문자만으로 대체하고 있다. 그런 면에서 구글의 머티리얼 디자인이 버튼을 면으로 처리하고 그림자를 넣는 시각적 효과를 더한 만큼, 판별하기 쉬운 표현이 되었다. 불필요한 장식은 배제하면서도 클릭할

---

* 시니피앙signifiant이란 대상과 사용자 사이에 어떠한 인터랙션이 존재함을 알리는 것이다. 즉 인터페이스가 있음을 알아차리게 만드는 것이다. 예를 들어 사각으로 칠해진 텍스트는 단순히 제목처럼 보이지만, 거기에 그림자가 있다면 버튼이라고 알아차릴 수 있다.

** 평면적인 UI 요소는 주의를 덜 끌고 불확실성을 유발한다.
http://www.nngroup.com/articles/flat-ui-less-attention-cause-uncertainty/

수 있는 곳은 쉽게 구분되어 인지적 부하가 일어나지 않아야 한다.

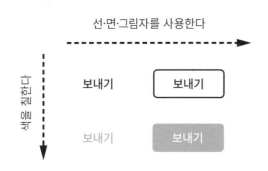

선·면·그림자를 사용한다

색을 칠한다

보내기　　보내기

보내기　　보내기

어디를 누르는지 판별할 수 있어야 한다
색을 칠하거나, 버튼 모양으로 하거나, 그림자를 넣는 것과 같은 처리를 할수록 누를 수 있는 곳이라고 알아보기 쉽다.

색을 제한하고 여백을 살린다
신쇼지의 웹사이트. 사용하는 색 종류를 제한하고 여백을 살려서 콘텐츠의 매력을 돋보이게 한다.
https://szmg.jp/

색을 제한하고 여백을 살린다

배색 패턴을 심플하게 하면서, 두드러지는 색을 디자인에 사용하는 것을 검토한다. 폰트 크기를 키우거나 액센트 컬러(강조색)를 사용하면 시각적 단서를 추가하지 않아도 화면 안의 특정 영역으로 사용자의 시선을 모을 수 있다. 또한 넓은 공간도 시선을 끈다. 주위에 여백을 늘리면 중요한 콘텐츠가 더 두드러진다.

미니멀과 심플의 차이를 이해한다

미니멀과 심플은 비슷하지만 다른 개념이다. 미니멀리즘 디자인은 불필요한 장식이나 요소를 최대한 제거하여 남은 요소에 초점을 맞춘다. 한편 심플한 디자인이란 불필요한 해석을 만들지 않는 명쾌한 디자인이다. 미니멀과 심플을 양립하는 것이 최고이겠지만, 그렇지 않은 때도 있다.

가끔 빠지는 미니멀리즘의 폐해로는 요소를 지나치게 삭제해서 오히려 심플한(명쾌한) 해석을 저해하는 것을 들 수 있다. 요소를 지나치게 줄이지 않고 딱 적당한 상태를 유지해야 한다. 불필요한 것이 있으면 인지적 부하가 증가하지만, 필요한 해석이 없는 것도 인지적 부하를 늘린다. 요소를 줄여서 오히려 인지적 부하가 증가한다면, 그것은 미니멀일지라도 심플하지는 않다.

미니멀리즘 디자인의 본래 목적은 불필요한 장식과 요소를 배제하여 인지적 부하를 낮추고 콘텐츠에 집중하도록 유도하는 등, 지금보다 많은 것을 가능하게 만드는 것이다. 요소를 지나치게 배제해서 오히려 사용하기 불편해지면 본말이 전도된 셈이다.

"적은 것이 풍요로운 것이다less is more."는 세계적인 건축가 미스 반 데어 로에Mies van der Rohe의 말도 있지만, 적은 것이 반드시 좋은 것은 아니다. "더 적게 해서 더 많은 것을 한다doing much more with much less*"는 미국의 산업 디자이너 조지 넬슨George Nelson의 말이 미니멀리즘 디자인의 본질에 더 가까워 보인다.

---

* 《20세기 디자인》(피터 필·샬럿 필 지음, 박혜수 옮김, 아트앤북스), 127쪽.

7-2 디자인 가이드라인

디자인 가이드라인의 목적

디자인 가이드라인이란 색·문자·레이아웃·표현 방법과 같이 다양한 디자인 요소에 관한 규칙을 꼼꼼하게 정의한 문서를 말한다. 많은 사람이 관여하는 프로젝트를 진행하거나 전속 디자이너가 없다면, 디자인 가이드라인이 관계자에게 중요한 지침이 된다.

가이드라인의 목적은 크게 3가지다. 첫 번째는 개별 부분을 정의해서 요소를 재사용할 수 있으므로, 생산성 향상뿐 아니라 결과물의 품질을 유지하는 것이다. 두 번째는 시간과 함께 약해지는 일관성을 유지하는 것이다. 일관성은 비가역적이라서 서비스 운용과 전개를 계속하면 서서히 훼손된다.

마지막 세 번째는 다양한 디바이스 사이에서 통일된 세계관을 조성하는 것이다. 여러 디바이스에서 서비스를 전개한다면, 모든 디바이스에서 같은 경험을 할 수 있는 것이 바람직하다. 표준화된 디자인 요소를 사용해서 일관성 있는 디자인과 조작감을 만들어 낼 수 있다.

디자인 가이드라인을 알자

디자인 가이드라인은 서비스 개발 초기 과정이나 개발 완료 후에 작성된다. 이와 별개로 애플이나 구글 같은 대기업이 공개하는 가이드라인도 존재한다. 공개된 뛰어난 가이드라인을 먼저 읽고 인터페이스 디자인의 형식부터 알아 가면 좋을 것이다. 특히 앱을 개발한다면 각 회사의 가이드라인과 프레임워크를 따르는 것으로 OS별 친화성이 높은 인터페이스를 제공할 수 있다. 또한 불필요한 버그를 회피할 수도 있다.

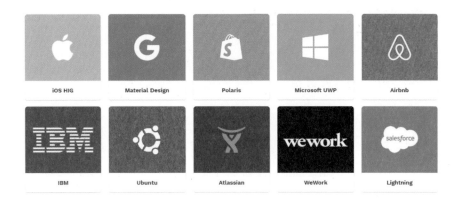

디자인 가이드라인

대기업부터 개인까지, 세상에는 많은 디자인 가이드라인이 존재하지만, 그 목적은 본질적으로 같다.

애플: 휴먼 인터페이스 가이드라인

iOS7 이후 애플이 플랫 디자인을 바탕으로 디자인 지침을 정리한 것이 휴먼 인터페이스 가이드라인Human Interface Guidelines이다.

맥OS(맥북이나 아이맥 등), iOS(아이폰과 아이패드), 워치OS(애플워치), tvOS(애플 TV)의 4가지 OS별로 세세한 수준에서 디자인 기준을 정리했다. 애플 앱 스토어에서 발매하는 각종 앱이 사용하기 쉬운 이유 중 하나가 바로 이 휴먼 인터페이스 가이드라인을 따랐기 때문이다. 가이드라인에서 크게 벗어난 앱은 심사를 통과할 수가 없다.

휴먼 인터페이스 가이드라인에서는 4가지 OS별로 다른 디자인 테마를 가진다. 모든 디바이스에서 일관성을 유지하면서도 디자인 테마를 따로 적용하여 디바이스 고유성을 살리는 콘셉트다.

휴먼 인터페이스 가이드라인

애플에서는 4가지 디바이스에 각각 최적화된 가이드라인을
책정했다.

*https://developer.apple.com/design/human-interface-
guidelines/*

UI 디자인 기본 원칙

가이드라인의 요점만 추출해서 간단하게
설명하는 페이지도 준비했디.

https://developer.apple.com/design/tips/jp/

디자인 테마 목록

맥OS	Flexible (유연한)	Expansive (확장성 있는)	Capable (가능한)	Focused (초점을 맞춘)
iOS	Clarity (명료한)		Deference (콘텐츠를 따르는)	Depth (깊이감)
워치OS	Glanceable (한눈에 알 수 있는)		Actionable (실행 가능한)	Responsive (반응하는)
tvOS	Connected (연결된)		Clear (명료한)	Immersive (몰입할 수 있는)

OS별 디자인 테마

휴먼 인터페이스 가이드라인에서는 4가지 디바이스
가 고유한 디자인 테마를 가진다.

*https://developer.apple.com/design/human-
interface-guidelines/ios/overview/themes/*

인터랙션(움직임)을 추가한 해설

필요한 부분마다 해설에 움직임을 추가했다.

*https://developer.apple.com/design/human-
interface-guidelines/ios/user-interaction/
gestures/*

구글: 머티리얼 디자인

앞서 소개한 대로 구글의 미니멀리즘 디자인 가이드라인이 머티리얼 디자인 Material Design이다. 인터랙션(움직임)을 이용한 설명이 많아서 시각적으로 이해하기 쉽다. 또한 개념 설명뿐 아니라 좋고 나쁜 사례를 함께 제시하여 올바른 적용 사례를 구체적으로 이해할 수 있다.

이외에 컬러 팔레트와 도구(컬러 툴color tool), 아이콘 세트(머티리얼 아이콘 material icons), 권장 폰트(알파벳은 로보토Roboto, 아시아권 문자는 노토 산스NotoSans) 등 제작·개발 용도의 편리한 도구를 많이 제공한다.

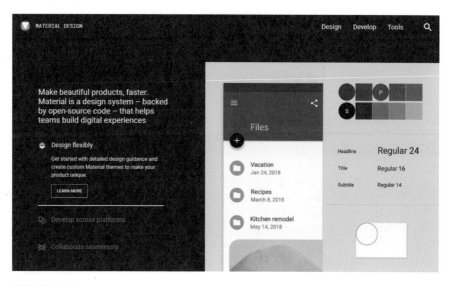

머티리얼 디자인

구글이 만든 포괄적 디자인 지표가 머티리얼 디자인이다. 다양한 디바이스에 통일감을 주는 디자인을 도입해서 디바이스가 바뀌더라도 조작 일관성을 기대할 수 있다.

http://material.io/

동영상을 통한 입체적 설명

머티리얼 디자인에서는 의미 있는 움직임을 요구한다. 그래서 움직이는 설명을 제공한다.

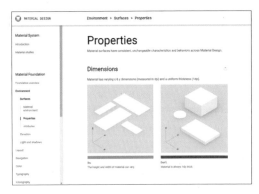

좋은 사례와 나쁜 사례

적절한 사례와 잘못된 사례를 비교해서 소개한다. 특히 움직이는 방법을 설명할 때는 실제로 움직임을 비교하므로 도움이 된다.

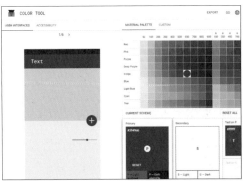

컬러 툴

컬러 툴에서는 샘플을 확인하면서 컬러 계획을 작성할 수 있다. HTML·CSS·자바 스크립트로 출력할 수 있다.

머티리얼 아이콘

머티리얼 아이콘은 머티리얼 디자인을 위해 만든 아이콘 세트다. SVG나 PNG 형식으로 내려받을 수 있고, 웹 폰트로 이용할 수도 있다.

마이크로소프트: 마이크로소프트 디자인

'마이크로소프트 디자인Microsoft Design'은 마이크로소프트의 공식적인 디자인 가이드라인을 말한다.

그전까지 마이크로소프트는 메트로를 시작으로 모던 UI를 거쳐서 'UWP', 즉 '유니버설 윈도즈 플랫폼Universal Windows Platform'라는 디자인 시스템을 공개했다. 이를 발전시켜 사용자 체험 전반에 걸친 디자인 가이드인 '플루언트 디자인 시스템Fluent Design System'을 새로운 마이크로소프트 디자인으로 채택했다.

마이크로소프트 디자인은 '모든 디바이스에서 자연스럽게natural on each device', '직감적이고 강력하게intuitive and powerful', '매력적이고 몰입할 수 있는engaging and immersive'이라는 테마 아래, 컴퓨터·스마트폰·태블릿은 물론 AR·VR·웨어러블 등을 포함한 디자인 체계를 목표로 한다.

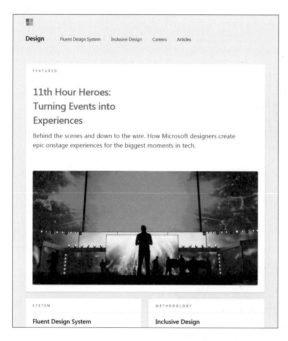

마이크로소프트 디자인

마이크로소프트에서 발표한 디자인 체계가 정리되어 있다.

https://www.microsoft.com/design/

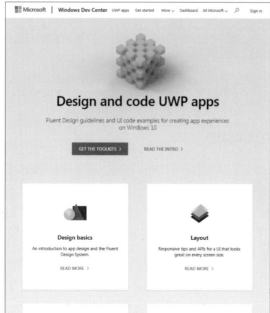

플루언트 디자인 시스템

플루언트 디자인 시스템은 마이크로소프트 디자인의 핵심 역할을 하는 구체적인 디자인 시스템이다.

https://developer.microsoft.com/en-us/windows/apps/design

디자인 행상화

각 회사의 디자인 가이드라인

애플, 구글, 마이크로소프트 외에도 에어비앤비와 IBM을 비롯한 각 회사는 참고할 만한 독자적인 디자인 가이드라인을 공개했다. 몇 가지 도움이 되는 가이드라인은 다음과 같다.

[에어비앤비] 에어비앤비 디자인
Airbnb Design

https://airbnb.design/

[IBM] IBM 디자인IBM Design

https://www.ibm.com/design/language/

[세일즈포스] 라이트닝 디자인 시스템 Lightning Design System

https://lightningdesignsystem.com/

[아틀라시안] 아틀라시안 디자인
시스템Atlassian Design System

https://atlassian.design/

[쇼피파이] 폴라리스Polaris

https://polaris.shopify.com/

[아마존(Fire TV)]
디자인·UX 가이드라인Design and
User Experience Guidelines

*https://developer.amazon.com/
ja/docs/fire-tv/design-and-user-
experience-guidelines.html/*

디자인 가이드라인 작성 방법

실제로 프로젝트를 진행할 때, 디자이너가 서비스 디자인에서 맡는 역할은 단
순히 디자인에 그치지 않는다. 디자이너의 중요한 역할 중 하나는 디자인을 통해
인터페이스 디자인 규칙을 만들고, 꾸준히 운용하기 쉬운 서비스로 완성하는 것
이다. 웹사이트나 앱 개발 시에는 비즈니스와 서비스의 목적에 맞는 일관성 있는
디자인으로 쾌적한 사용자 경험을 만들어 내는 것이 중요하다. 그러기 위해서는

디자인 가이드라인을 작성하는 것이 효과적이다.

현재 웹사이트나 앱 개발은 복잡해져서 더는 혼자 해낼 수 없다. 많은 사람이 가이드라인을 작성하고 나서 화면 설계를 할지, 화면 설계가 끝난 다음에 가이드라인을 만들지를 고민한다. 이상적인 방법은 가이드라인이 먼저겠지만, 화면 설계가 끝나지 않으면 필요한 요소와 패턴을 정의할 수 없다.

현실적인 해결책은 주요 화면을 먼저 설계한 후에 디자인 가이드라인을 작성하면서, 그 가이드라인을 바탕으로 다른 화면 설계를 병행하는 혼합적인 방법이다. 요건이 항상 변화하는 프로젝트의 초기 단계에서는 관계자 사이에서 피드백을 주고받는 것이 중요하다.

디자인 가이드라인 운용 시 주의 사항

완성한 디자인 가이드라인을 운용할 때는 어디에서나 같은 문제가 나타난다. 가이드라인을 준수하지 않으면 일관성이 유지되지 않고, 이미 정해졌다고 해서 바꾸지 않으면 형식만 남아 버리는 모순적인 문제다.

매뉴얼화를 진행할수록 작업은 효율적으로 이루어진다. 그러나 예외를 인정하지 않는 경직된 습관을 초래할 가능성이 있다. 가장 문제시되는 것은 관련된 사람이 '왜 이런 규칙이 있는가?'라는 의문을 더는 가지지 않는 것이다. '규칙이니까 지킨다', '정해진 것이니까 바꿀 수 없다'고 넘기지 말고, 그 규칙의 존재 이유를 생각하고 필요에 따라 가이드라인을 재검토하는 것이 중요하다.

또한 모든 것을 망라해서 가이드라인을 꼼꼼하게 작성할수록 유연성을 잃게 된다. 모든 패턴에 대응하려면 방대한 시간이 걸리고, 설령 완벽해졌다고 해도 패턴 하나가 추가되면 매번 재검토해야 한다.

중요한 것은 완벽한 가이드라인은 존재하지 않는다는 것을 전제로 항상 업데이트를 계속해 가는 것이다. 처음부터 완벽하게 작성할 수 없고, 최신 상태였더라도 1년이 지난 후에 여전히 올바른지는 알 수 없다. 주변 관계자에게 이런 점을 이해하도록 해서 팀으로서 함께 나아가는 것이 중요하다.

7-3 프로토타입을 제대로 활용하는 법

개발 초기에 목업이나 프로토타입을 만드는 이유는 관계자들이 공통된 인식을 가지면서 디자이너의 이해도를 높이기 위해서다. 방향성, 실현성, 실용성(정말 가치가 있는지)의 목표를 세우고 새로운 아이디어를 발견하려면 시제작이 단연 효과적이다.

와이어 프레임: 기초적인 설계도

와이어 프레임wire frame이란 기획된 콘셉트를 시각적으로 표현하여 요소와 구조에 관한 **기본적인 뼈대를 구성한 설계도**다. 또한 콘셉트를 재빠르게 전달해서 피드백을 얻기 위해 만드는 완성도가 낮은 형식의 디자인이기도 하다.

머릿속에서 생각한 것을 실제 그림으로 옮기면 구체적인 이미지로 파악할 수 있다. 처음에는 대충 손으로 그린 것이더라도 상관없다. 기획이나 요건을 논의하는 단계라도 그림으로 만드는 것은 가치 있는 일이다. 실제로 눈에 보이는 형태로 만들어야 비로소 이해되는 것이 있으며, 이를 통해 구체적으로 검토할 수 있기 때문이다.

와이어 프레임은 실제 비주얼 디자인을 재현하는 것처럼 완벽하게 코딩한 프로토타입이 아니다. 종이에 연필로 그려도 되고, 스케치*나 어도비 XD^Adobe XD** 와 같은 전용 도구 또는 HTML로 만든 것이라도 와이어 프레임으로서의 본질은 같다.

와이어 프레임에는 기회의 토대가 되는 방향성부터 실제 레이아웃이나 요소 등의 세세한 설정까지 설계 전반에 관한 사항이 반영된다. 와이어 프레임은 관계자 간 견해를 통일하기 위한 '보고 이해하는' 기준이 될 뿐만 아니라, 이를 만든 당사자에게도 이해의 근거가 된다. 제작, 개발, 비주얼 디자인 등 모든 것의 출발점이 되는 셈이다.

---

* 스케치 https://www.sketch.com/
** 어도비 XD https://www.adobe.com/jp/products/xd.html

종이와 연필

가장 원시적인 와이어 프레임은 종이에 연필로 하는
스케치다. 사람에 따라 다르긴 하지만, 아이디어를
형상화하려면 이 방법이 가장 쉽다.

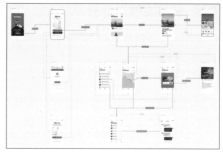

전환 흐름도 예시

흐름도에 페이지 간 전환의 정도를 표시하면 서비스
가 어떻게 기능하는지를 상상하기 쉽다.
https://overflow.io/

뛰어난 웹사이트나 앱을 디자인하려면 전체 구성과 콘텐츠가 하나가 되어 기
능해야 한다. 그리고 적절한 시기와 위치에서 의미 있는 정보가 제공되어야 한
다. 뛰어난 웹사이트와 앱 디자인을 어떻게 시작해야 할까? 그 답 중 하나는 와
이어 프레임을 몇 번이고 작성하고, 이를 인터랙션을 가미한 (움직임과 링크) 목
업에 반영하는 과정을 반복하는 것이다.

와이어 프레임

색과 이미지, 실제 데이터를 표시한 것

와이어 프레임은 요소를 정리한 골격이다. 기본적으로 색을 표현하지 않고, 초기에는 텍스트도 더미인
것이 많다. 하지만 실제 서비스가 어떤 것인지를 연상하려면 더미 텍스트에는 실제 데이터를 사용하는
편이 좋다. 마찬가지로 색조를 확정했다면 반영하는 편이 좋다.

목업: 확인을 위한 시제품

목업mock-up이란 비주얼 디자인을 반영하고 부분적으로 링크나 움직임을 확인할 수 있게 간단하게 만든 확인용 시제품이다.

웹사이트나 앱은 전후 관계의 구조와 인터랙션을 가지고 있으므로, 일종의 정지 이미지인 와이어 프레임만으로 모든 것을 판단할 수는 없다. 와이어 프레임대로 웹사이트와 앱을 만들고, 실제로 움직여 봐야만 비로소 연상했던 것과의 차이를 알 수 있다.

상상과 실물의 차이를 메우기 위해 건축이나 공업 제품에서는 실물을 축소한 모형을 만들어서 설계도에서는 보지 못한 잠재적인 문제를 발견하고 해결을 도모한다. 이와 마찬가지로 웹사이트나 앱에서도 도면에서 읽을 수 없는 것에 대한 고찰이 필요하다. 생각해야만 하는 사항은 2가지다.

첫 번째는 **페이지의 전후 관계**에 관해서다. 페이지를 이동해서 실제로 어떤 인상을 받는지는 상세한 설계도라도 이해할 수 없다. 논리보다는 감각으로서 경험하는 것이기 때문이다. 페이지 이동이 자연스럽게 느껴지는지, 현재 위치를 이해할 수 있는지, 서비스가 기능하는지 등의 타당성을 판단할 필요가 있다.

이미지와 동작 검증 예시

목업 제작 방법은 여러 가지다. 간단한 방법은 이 예시처럼 와이어 프레임 페이지를 이미지로 만들어서 페이지들을 링크로 연결하는 것이다. 이런 방법으로 전후 관계가 미치는 영향을 실제 서비스와 비슷한 형태로 확인할 수 있다. 동작 검증은 조금 더 수고가 들어가야 한다.

또 하나는 **인터랙션(움직임)**에 관해서다. 슬라이드, 오버레이, 인레이, 화면 스크롤 시에 정위치에 고정되는 요소 등, 오브젝트에 동반하는 인터랙션이 어떻게 서로 기능하고 영향을 미치는지는 실제로 움직여 봐야만 이해할 수 있다.

즉 웹사이트와 앱에서는 최대한 **실제 움직임에 가깝게 경험하는 것**이 중요하다. 서비스 전체가 아니라 요점만이라도 가치는 있다. 목업을 만들어서 페이지 사이를 이동하거나 부분적으로 동작하는 인터랙션을 시제작해 보면, 건축에서 모형을 만드는 시제작처럼 입체적(3차원적) 접근이 가능해진다.

프로토타입: 서비스 시험 제작판

프로토타입

프로토타입은 간단한 실제 서비스를 말한다. 실제 기기와 실제 개발 언어로 확인하는 것은 큰 의미가 있다.

https://www.openxcell.com/app-prototyping-give-your-clients-an-experience-to-interact-with-the-app

프로토타입 제작 서비스

프로토타입을 작성할 수 있는 서비스도 있다. '프로트Prott'에서는 코드를 작성하지 않아도 진짜 서비스처럼 화면 전환이 가능하다.

https://prottapp.com/ja/

프로토타입이란 실제로 가동하는 서비스의 시험 제작판이다. 목업이 겉모습과 움직임 일부만을 확인하기 위한 **뼈대 인형**이라면, 프로토타입은 사용되는 개발 언어로 만든 실제 서비스의 간이 버전이다. 프로토타입을 만들면 다양한 아이디어를 동시에 모색할 수 있다. 그중에는 처음에는 생각하지 못한 것도 있을 수 있다. 프로토타입을 통해 비로소 문제점을 알고 찾을 수 있게 된다.

다른 사람이 자신과 같은 정도로 이해한다고 단정할 수 없다. 웹사이트나 앱이라는 것은 아무리 설명해도 실제로 움직여 봐야만 본질을 이해할 수 있는 법이다. 모든 것을 디자인한 사람이라도 실제 의미를 이해한다고 단정할 수 없음을 명심할 필요가 있다. 그래서 프로토타입은 사용자 테스트에서 큰 가치를 발휘하며, 최종 인터랙션의 좋고 나쁨을 확인하는 데 가장 좋다.

웹사이트나 앱을 제작할 때는 중요한 부분에서 샘플을 만들어 움직여 보면 **이론과 감각 양쪽으로 확인**할 수 있다. 모두 프로토타입(시제작)을 통해 개발하는 것이 이상적이긴 하지만 현실적으로는 어렵다. 그래도 건축 등 다른 업종과 비교하면 실물로 확인하기 비교적 쉽다는 것이 웹사이트와 앱 개발의 큰 장점이다.

설령 부분적이라 할지라도 실물 디바이스에서 확인하는 것은 큰 의미가 있다. 실제로 어떤 서비스가 될지 파악하려면, 실물 디바이스에서 시험하는 것 이상의 좋은 방법은 존재하지 않는다.

스마트폰·태블릿·TV와 같은 디바이스에서는 **상상과 실물의 차이가 매우 큰** 상황이 발생할 수 있으므로, 설계 방침을 근본부터 재검토하게 될 가능성이 숨어 있는 셈이다. 또한 움직임이나 응답 속도 등 퍼포먼스가 충분히 나오는지와 같이 프로토타입이 아니면 판단할 수 없는 분야도 있다.

프로토타입에서는 아래의 관점에서 검증하는 것이 효과적이다.

● 어떻게 보이는가?

비주얼 관점에서의 검증이다. 폰트, 화면 해상도, 디바이스의 크기와 거리에 따라서 실제로 받는 인상은 달라진다.

● 어떻게 움직이는가?

인터랙션 관점에서의 검증이다. 디바이스의 사양, 자바스크립트 등 프론트엔드의 퍼포먼스에 따라서 동작의 경쾌함이 달라진다.

● 어떻게 조작할 수 있는가?

입력 방식에 따른 물리적인 검증이다. 디바이스만의 조작 방법이나 손에 쥐는 법 등 조작성의 좋고 나쁨을 평가한다.

● 어떤 인상을 받는가?

심리적 관점에서의 검증이다. 보이는 방식, 움직이는 방식, 조작성 등 모든 것을 포함한 종합적인 인상을 확인하고, 문제가 있으면 그 근거를 찾는다.

● 예기치 못한 것이 있는가?

사전에 예측하지 못한 문제를 발견하기 위한 검증이다. 디바이스와 OS에 따라 다른 인터페이스와 간섭이 일어나서 화면의 고정 영역을 사용하기 어려울 수 있다. 이처럼 실물 기기로 확인하지 않으면 판명할 수 없는 과제를 확인한다.

목업과 프로토타입 제작에서 주의할 점

목업과 프로토타입은 '움직이는 사양서'와 같아서, 개발에 관여하는 전원이 공통 목표를 향해 작업하기에 용이하다. 다만 몇 가지 주의할 점이 있다.

먼저 초기 단계의 목업이나 프로토타입은 **지나치게 잘 만들지 말고**, 간소하고 개략적인 수준에서 그쳐야 한다. 시험 삼아 제작해 본 아이디어에 대해 리소스(사람·물질·돈·시간 등의 자원)를 많이 들일수록 그 아이디어에서 벗어나지 못하기 때문이다.

초기 프로토타입의 목적에는 알아차리지 못한 것을 파악하고 깊이 이해하기 위한 것만 있지 않다. 아이디어에 실용적인 가치가 있는지를 파악하고, 강점·약점·방향성을 분명하게 하는 것도 초기 프로토타입의 목적이다. 프로토타입에 들이는 수고가 커지고 복잡하게 고도화할수록 완성품에 가까워진다. 그러면 디자이너나 코더와 같은 제작자는 심리적 저항감 때문에 피드백에 귀를 기울이지 않게 된다.

또한 매우 잘 만든 목업이나 프로토타입 때문에 평범한 아이디어가 지나치게 실현에 가까워질 우려도 있다. 최악은 그대로 최종 단계까지 진행해 버리는 것이다. 유망한 새 아이디어를 발견할 기회를 만들어 내는 것도 목업과 프로토타입의 중요한 역할 가운데 하나다.

품을 너무 들이면 좋지 않다

품을 들일수록 심리적으로 그 아이디어를 버리기 어려워진다. 시제작 공정에서 지나치게 잘 만드는 것은 금물이다.

초기 단계에서 몇 번 실패하는 것이 중요하다

실패는 상정하지 못한 문제를 발견했다는 의미다. 프로토타입에서 실패를 반복하는 것은 가치 있는 일이다.

다음 주의 사항은 초기~중기 단계의 목업이나 프로토타입에서 여러 번 **일찍 실패하는 것**이 중요하다는 점이다. 모든 것이 처음부터 생각했던 대로 진행되고, 완성한 결과물도 예상대로 끝나는 일은 있을 수 없다. 생각지 못한 문제나 난관과 몇 번이고 직면하고, 하나씩 해결하는 단계를 반복하게 된다. 이 과정에서 처음에는 생각하지 못한 좋은 아이디어를 발견해서 서비스 가치를 크게 높일 수도 있다.

기존 아날로그 제품 프로젝트에서는 미리 계획하는 것이 매우 중요했다. 일단 시작한 프로젝트의 방향성을 도중에 변경하면 큰 비용이 발생했다. 하지만 디지털 분야에서는 다른 업계와 비교해서 변경에 들어가는 비용이 적다.

웹사이트와 앱 개발에서는 **생각한 것을 움직이는 형태로 시험해 보고, 그 좋고 나쁨을 평가하는 과정**을 간단하게 몇 번이고 반복할 수 있다. 특히 초기부터 중기 단계에서는 그런 실패를 반복하는 것이 최종 가치를 높이는 데 큰 역할을 한다.

7

디자인 향상화

어떤 상품을 '공짜로 얻은 경우'와 '만 원을 내고 얻은 경우'를 비교해 보자. 만 원을 내고 얻은 쪽이 만족감이 커진다. 만 원에 상당하는 어떤 대가가 없으면 마음속에서 받아들이지 못해 수지가 맞지 않아서다. 이처럼 마음속에서 수지를 조정하는 작용을 심리학에서는 '보상'이라고 한다. 보상의 무서운 점은 본인의 생각과는 관계없이 무의식중에 이루어진다는 것이다.

이와 같은 일이 제작이나 개발 현장에서도 일어난다. 고생해서 만든 아이디어에 집착하기 쉽고, 시간을 들여서 만든 목업이나 프로토타입을 본래 가치 이상으로 평가하기 쉽다. 자신이 들인 수고에 대한 대가가 마음속에서 보상으로 작용하기 때문이다. 축적한 노력을 냉정하게 다시 보려면, 논리적 사고보다 마음속에 쌓인 대가를 의식하는 편이 중요할 수도 있다.

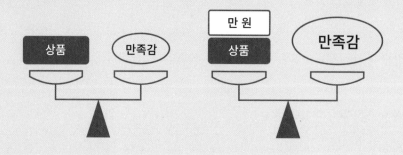

공짜보다 만 원 내는 편이 만족감이 크다
지불한 돈이나 수고에 대한 대가를 만족감으로 받아들이는 심리 작용은 자기 생각과는 관계없이 무의식 중에 이루어진다.

7-4 멀티 디바이스 디자인

컴퓨터, 스마트폰, 태블릿, TV 등 멀티 디바이스 디자인에서는 디자인의 본질이 같아야 한다. 또한 개별적인 특징에 따라 디자인이 달라져야 한다. 모순처럼 들리겠지만 상반된 상태가 동시에 필요하다. 이제부터 차례로 요점을 살펴보자.

모든 디바이스에 같은 기능이 있을 것

웹사이트와 앱의 사용자는 다양한 디바이스를 사용해서 서비스에 접근한다. 데스크톱 컴퓨터일 수도 있고, 노트북 컴퓨터나 스마트폰은 물론이고, 태블릿이나 아이팟 터치와 같은 음악 플레이어 또는 TV를 사용할 수도 있다.

이런 상황에서 먼저 중요시해야 하는 점은 사용자가 어떻게 서비스를 이용하더라도 디바이스 종류와 상관없이 본질에서는 같은 서비스가 제공되어야 한다는 것이다. 사용자가 스마트폰에서 앱을 사용해도 집에서 컴퓨터로 웹사이트를 보는 것과 마찬가지로 필요한 모든 것이 문제없이 제공되어야 한다.

컴퓨터(웹)

iOS: 아이패드

iOS: 아이폰

안드로이드 TV

넷플릭스의 디바이스 동등성
모두 <아프리카>라는 다큐멘터리를 시청하기 직전의 화면이다. 넷플릭스에서는 디바이스 최적화를 위해 인터페이스를 디바이스마다 다르게 만들었다. 하지만 실현할 수 있는 기능은 같다.

여기서 주의할 점은 '본질에서는 같은'의 의미다. 같은 것을 할 수 있는 것은 중요하지만, 인터페이스까지 같을 필요는 없다. 오히려 디바이스마다 가장 적합한 인터페이스는 다른 법이다. 만약 다른 디바이스에서 같은 인터페이스를 사용한다면, 적어도 그것이 최고의 상태는 아닐 것이다.

같은 터치 조작이라고 해서 스마트폰에 최적화된 인터페이스를 태블릿에서 사용할 수 있다고 해도 태블릿 전용으로 최적화된 인터페이스에는 미치지 못할 것이다. 물론 포인터 조작을 사용하는 컴퓨터나 포커스를 조작하는 TV에서는 스마트폰이나 태블릿의 인터페이스를 그대로 사용하는 것조차 어려운 법이다. 중요한 것은 '같다'가 아니라 '같은 수준'이 가능하다는 사고방식이다.

스마트폰　　　　**태블릿**　　　　　　　　**컴퓨터**

반응형 디자인으로 멀티 디바이스에 대응한 사례(NHK 스튜디오 파크)
웹사이트로 한정한다면, 반응형 디자인은 손쉽게 멀티 디바이스 전개를 실현하는 방법이다.

TV와 모든 앱을 제외한 컴퓨터·스마트폰·태블릿의 웹사이트에서 반응형 디자인은 간편하고 효과적인 방법의 하나다. 디바이스가 다양화된 지금은 어떤 크기까지가 스마트폰이고 어디서부터가 태블릿이나 컴퓨터인지 엄밀하게 구분하기 어렵다. 반응형 디자인이란 준비된 공간에 들어맞도록 디자인 요소 배치를 조정하여 브라우저 폭의 변화에 대응하는 것이다.

반응형 디자인의 핵심은 입력 수단의 차이와 화면 크기를 세트로 생각하는 것이다. 마우스 조작(컴퓨터)과 터치 조작(스마트폰과 태블릿)을 구분하는 화면 크기를 먼저 정하고 나서, 다음으로 개별 화면 크기마다 디자인을 조정해 가는 것이 현실적인 방법이다.

디바이스에 따라 인터페이스를 변형할 것

앞쪽에서도 언급한 대로 '기능이 같은 것'과 '인터페이스가 같은 것'은 완전히 다른 문제다. 화면 크기도 입력 수단도 사용 상황도 다르다면, 각 디바이스에 최적화된 인터페이스도 당연히 달라져야 한다.

구체적인 사례로 아래의 유튜브를 살펴보자. 동영상 상세 화면을 표시한 후에 글로벌 내비게이션에 해당하는 메뉴를 표시하기까지의 기본 인터페이스는 디바이스마다 다르다.

컴퓨터(웹사이트)에서는 화면이 넓을 뿐 아니라, 마우스 등의 포인팅 디바이스를 통해 세밀한 조작이 가능하므로 문자도 작고 요소도 많다. 동영상 재생 방법, 댓글 작성, 관련 동영상 선택 등에서 다른 디바이스보다 훨씬 다양한 조작을 할 수 있다. 메뉴는 왼쪽 슬라이드를 통해 부드럽게 오버레이로 표시된다. 메뉴를 세로로 나열하여 한 번에 많은 항목을 표시해도 레이아웃에 지장을 주지 않으려는 것으로 보인다.

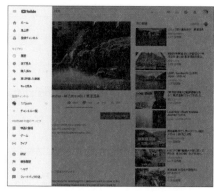

유튜브(컴퓨터: 웹)

컴퓨터에서는 세밀한 조작이 가능하고 브라우저에는 화면 크기 제한이 없다. 따라서 메뉴를 왼쪽 슬라이드에 세로로 여러 개 표시해도 레이아웃에 지장을 주지 않는다.

유튜브(안드로이드 TV)

TV는 떨어진 장소에서 많은
사람이 보는 것을 전제로 한
디바이스이며, 전체 화면 표시
가 기본이다. 포커스 조작에는
요소의 연속성이 바람직하다.

TV(앱)에서는 동영상을 전체 화면에 표시한다. TV는 영상 시청을 위한 전용
기기이고, 멀찍이 거리를 두고 많은 사람이 보는 것을 전제로 한다. 따라서 전체
화면 표시가 기본이다. 재생을 중단하면 제어판이 나와서 조작할 수 있지만, 각
요소가 크고 멀리 떨어지지 않도록 배치되어 있다. 요소끼리 가깝게 있는 편이
포커스 이동량이 적어서 인지적 부하가 줄어들기 때문이다.

또한 상하좌우 슬라이드를 활용하고 화면 전체를 흑색 기반의 색조로 정리
한 것도 특징이다. TV에는 대비가 높게 설정되어 있어서 명도나 채도가 높은 색
(100% 백색이나 적색)을 넓게 표시하면 눈에 부담을 줄 수 있다.

유튜브(iOS: 아이폰)

유튜브(iOS: 아이패드)

스마트폰과 태블릿은 모두 탭 조작을 전제로 한 디바이스이므로, 두 인터페이스는 가까울 수밖에 없다. 손가락으로 탭하는 개별 요소가 큼직한 것은 둘 다 같지만, 화면 크기가 달라서 관련 동영상으로 보이는 양이 다르다(아이폰은 일렬, 아이패드는 3열).

스마트폰(앱)과 태블릿(앱)의 기본적인 레이아웃은 컴퓨터와 같다. 반면 각 요소와 문자가 컴퓨터보다 약간 크다. 손가락을 사용한 터치 조작을 위한 배려다. 동영상 표시에서 목록으로 이동하려면 스마트폰에서는 화면 전체를 아래로, 태블릿에서는 오른쪽 아래로 스와이프해야 한다. 글로벌 내비게이션에 해당하는 메뉴는 주요 다섯 항목만 화면 아래에 탭 형식 인터페이스로 표시된다.

스마트폰과 태블릿의 기본 인터페이스는 대체로 비슷하다. 그러나 태블릿이 아무래도 화면이 크기 때문에 관련 동영상 섬네일 이미지를 스마트폰에서는 일렬, 태블릿에서는 3열로 표시한다.

이처럼 같은 서비스의 같은 기능이라도 인터페이스가 다른 법이다. 게다가 웹 사이트, 앱 등 소프트웨어 차이에 따라 터치 조작의 제스처 사용성도 달라진다. 그러므로 멀티 디바이스 디자인에서 있어서 하드웨어(입력 수단과 화면 크기), 소 프트웨어(웹사이트와 앱), 디바이스와 관계를 맺는 방식(화면까지의 거리와 상황) 과 같은 요인에 따라 인터페이스 최적화가 달라진다는 점을 염두에 두어야 한다.

다른 디바이스에서 기능을 계속 사용할 수 있을 것

동영상이든 사진이든 뉴스든 뭔가 보고 싶은 게 생겼을 때, 예전처럼 컴퓨터 를 켤 필요가 없다. 지금은 컴퓨터, 스마트폰, 태블릿, TV 등 다양한 디바이스를 통해 언제 어디서든 원하는 정보를 얻을 수 있다. 그렇다면 앞으로 무엇에 가치 가 더 매겨질까?

그전까지 '볼 수 있다'라고 하는 기능성이 가장 중요했다. 지금은 '어떻게 볼 수 있는가'라는 가용성이 더 가치 있는 것이 되었다. 즉 다른 장소에서 들고 다니 면서 볼 수 있다거나 많은 사람이 큰 화면으로 함께 볼 수 있는 것처럼 서비스 사 용 방식이 얼마나 폭넓은가가 중요하다. 멀티 디바이스에 대응한 가장 바람직한 사용 방식은 다양한 디바이스를 하나의 디바이스로 간주해서 장소와 상황에 따 라 모습이나 형태를 바꾸면서 사용하는 것이다.

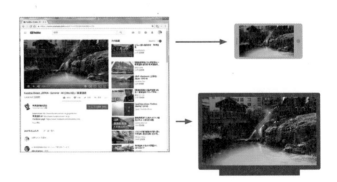

다른 디바이스에서 재개한다
컴퓨터의 브라우저에서 동영상을 보다가 중간에 멈추더라도 이어지는 내용을 스마트폰으로 이동 중에 보거나 TV를 통해 많은 사람과 큰 화면으로 볼 수 있다. 이처럼 디바이스 간 장벽이 얇아져서 그때그때 바람직한 사용법을 선택할 수 있다.

이때 요구되는 것 가운데 하나가 서비스의 연속성이다. 컴퓨터에서 보던 동영상을 중간에 멈추더라도 스마트폰으로 이어서 보거나 TV로 크게 볼 수 있듯, 어떤 디바이스에서 중단한 지점부터 다음 디바이스에서 이어서 사용할 수 있다.

구글 캐스트
구글 캐스트는 안드로이드 TV가 동작하는 환경에서 다른 디바이스의 화면을 TV로 미러링할 수 있는 기술이다.

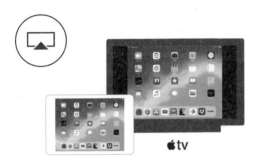

에어플레이
에어플레이는 애플 제품의 화면을 TV로 미러링할 수 있는 기술이다.

또한 서비스 미러링(복제 전개)도 멀티 디바이스만의 가치 있는 기법이다. 구글의 '구글 캐스트'나 애플의 '에어플레이' 등이 여기에 해당한다.

구글 캐스트는 안드로이드 TV가 동작하는 TV에 다른 디바이스의 서비스의 일부 또는 전체를 미러링할 수 있는 기술이다. 스마트폰으로 조작한 유튜브나 아메바TV^AbemaTV의 동영상을 TV에서 보거나, 구글 포토 기능을 TV에서 사용할 수 있다. 이처럼 많은 사람이 하나의 서비스를 함께 즐길 수 있다. 에어플레이도 기본적으로 구글 캐스트와 기능은 같다. 애플 TV가 동작하는 TV에 맥북, 아이폰, 아이패드 등 애플 제품의 다른 디바이스 화면을 미러링할 수 있다.

장소와 상황에 따라서 서비스를 어떻게 사용할 수 있을까? 멀티 디바이스를 어떻게 사용하느냐에 따라 서비스 사용법과 가치의 폭이 넓어질 수 있다.

디바이스의 용도와 특징을 바탕으로 할 것

디바이스마다 각각 적합한 용도와 상황이 있다. 따라서 이를 고려한 가장 적합한 인터페이스로 조정하는 것이 필요하다. 만약 이러한 점에서 크게 벗어난 사용법이라면 원래 필요 없는 사용법이었을 수 있다.

특징과 용도: 화면의 대소, 혼자이거나 다수, 실내와 실외   사진: 애플 뉴스룸
혼자서 사용하는지 다수가 사용하는지, 실내인지 실외인지, 이동하는지 등, 각 상황에 따라 사용하기 적합한 디바이스가 다르다.

컴퓨터는 개인용이며 차분하게 편집 작업 등을 할 때 사용한다. 스마트폰은 이동을 전제로 하고 장소를 가리지 않는다. TV는 같은 장소에서 여러 사람이 보는 것에 가치가 있다. 이 모든 것의 중간자적 존재가 태블릿이다.

마이크로소프트에서 가장 유명한 소프트웨어의 하나인 엑셀을 예로 들어 보자. 엑셀을 사용해서 작업하고 싶은 사람은 컴퓨터를 사용할 것이며, 스마트폰으로 세세하게 조작할 생각은 하지 않을 것이다. 스마트폰으로 열람은 할 수 있지만, 작업하기에는 화면이 지나치게 작다. 터치 조작도 세밀한 작업에는 적합하지 않다. 하지만 태블릿이라면 보는 일도 작업하는 일도 있을 법하다.

실제로 각 디바이스용 엑셀은 이를 고려하여 형태가 나뉘었다. 컴퓨터용에서는 화면 윗부분에 세세한 편집 도구가 많이 위치한다. 메뉴에 수납해서 여러 단계를 거쳐 기능에 도달하는 것보다 화면 위에서 약간 겹치더라도 한 번에 목적하는 기능에 접근하는 편이 (인터랙션 비용을 줄이고) 작업에 유리하기 때문이다.

이와 달리 스마트폰 앱에는 매우 적은 수의 아이콘에 모든 메뉴가 수납되어 있다. 즉 기본적으로 보는 것만을 전제로 한 인터페이스다(일단 모든 기능이 담겨 있다). 태블릿 앱은 컴퓨터용과 스마트폰 앱의 중간적인 상태이며, 몇 단계만 거치면 모든 조작이 가능하다.

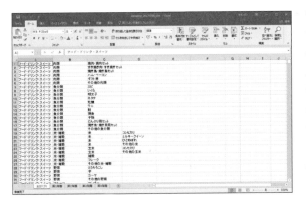

엑셀을 각각 다른 환경에서 실행했을 때

컴퓨터 앱에서는 최대한 한 손으로 조작할 수 있게 헤더 부분에 많은 조작 아이콘을 열거한다. 태블릿 앱에서는 아이콘 수를 약간 줄이고, 스마트폰 앱에서는 텍스트 메뉴만 사용한다. 스마트폰에서는 열람만을 전제로 하기 때문이다.

컴퓨터(윈도즈)

태블릿(아이패드)   스마트폰(안드로이드)

비밀번호 입력창에도 디바이스 사용 상황에 따른 배려가 보인다. 스마트폰에서는 서비스에 따라 비밀번호 입력 시 가리지 않고 전부 표시하는 경우가 있다. 이는 스마트폰이 다른 디바이스보다 훨씬 강력한 개인용 디바이스라는 점을 전제로 하기 때문이다. 이와 달리 TV의 비밀번호는 입력 시 대부분 가려지며, 일시적으로도 비밀번호 전체가 표시되지 않도록 하는 서비스가 많다. 이것은 TV가 많은 사람의 시청을 전제로 하기 때문이다.

이처럼 완전히 같은 수준의 기능이라도 디바이스의 사용 용도와 상황에 따라

인터페이스에 미세한 배려와 차별점을 두는 것이 중요하다. 많은 사람이 신경 쓰지 않는 미세한 차이를 쌓아 가는 것이 더 좋은 서비스 디자인으로 가는 첫걸음이다.

야후 옥션(iOS: 아이폰) 로그인 초기 상태

안드로이드 TV 로그인 초기 상태(비밀번호 미표시)

야후에서는 스마트폰 로그인 시에 초기 상태에서 비밀번호를 숨기지 않고 표시한다. 반대로 TV에서는 비밀번호를 드러내지 않는 서비스가 많다.

7-5 요점 정리

디자인 형상화는 서비스를 실제로 사용할 수 있는 상태에 가깝게 만드는 것이다. 또한 프로토타입과 목업을 반복하여 제작하는 과정을 통해 머릿속의 이상과 실제 상황과의 차이를 메워 가는 것이다. 즉 디자인이란 문제를 해결하기 위한 설계 방법이며, 실제로 기능할지는 별개의 문제다. 세상에 도움이 되는 것을 만들려면 시행착오를 반복하는 것이 유일한 방법이 아닐까 한다.

- 미니멀리즘 디자인이란 불필요한 장식을 제거하고, 필요한 것만을 남기는 디자인 기법이다.
- 미니멀리즘 디자인에서는 누를 수 있는 부분이 구별되어야 한다.
- UX란 사용자가 서비스를 통해 받는 모든 경험이다.
- 미니멀과 단순함의 차이를 이해해야 한다.
- 디자인 가이드라인이란 디자인 규칙을 정의한 문서다.
- 디자인 가이드라인이 형식에 그치지 않게 운용해야 한다.
- 프로토타입과 목업 제작에 지나치게 힘을 쏟지 말자.
- 프로토타입과 목업 제작은 이른 단계에서 몇 번이고 실패하는 것이 좋다.
- 멀티 디바이스 디자인은 모든 디바이스에서 같은 기능을 가지게 만든다.
- 디바이스에 따라 인터페이스를 변형해야 한다.
- 다른 디바이스에서도 기능을 계속 사용할 수 있게 만들어야 한다.

7

디자인 형상화

UI 디자인 교과서

멀티 디바이스 시대의 인터페이스 디자인

초판 발행	2022년 5월 13일
펴낸곳	유엑스리뷰
발행인	현호영
지은이	하라다 히데시
옮긴이	전종훈
편 집	고은희
디자인	임림
주 소	서울시 마포구 월드컵로 1길 14, 딜라이트스퀘어 114호
팩 스	070.8224.4322
이메일	uxreviewkorea@gmail.com

ISBN 979-11-92143-08-8

유엑스리뷰의 정통 UX 전문 서적 브랜드 **UX ground**의 책입니다.

UIデザインの教科書 [新版]　マルチデバイス時代のインターフェース設計
(UI Design no Kyokasho new edition: 5545-6)

© 2019 Hideshi Harada
Original Japanese edition published by SHOEISHA Co.,Ltd.
Korean translation rights arranged with SHOEISHA Co.,Ltd.
in care of HonnoKizuna, Inc. through KOREA COPYRIGHT CENTER
Korean translation copyright © 2022 by UX REVIEW.